Travel agency management theory

여행사경영론

여행사경영론

세계의 정치, 경제, 사회, 문화, 질병, 기후, 테러 등 많은 여행의 제약 요인들 속에서도 여행자들은 계속 늘어나고 있다. 최근 전대미문의 9·11 테러, 여행 산업을 강타한 사스(SARS: 중증 급성 호흡기 증후군), 조류 독감, 미국발 금융 위기, 여행사의 핫이슈로 주목을 받은 항공사의 제로컴(수수료) 발권 수수료 자유화, 경기 침체로 인한 여행 수요 급감, E-티켓으로의 전환, 전자 여권의 등장, 가장 최근의 코로나19 등 일련의 현상과 사건들이 지나갔다.

여행 산업에서 인터넷과 모바일 관련 기술의 발달을 기반으로 한 SNS(Social Network Service)는 잠재 고객의 기본 욕구를 자극하고 여러 호기심을 불러일으키는 하나의 수단이 되었다. 인터넷과 SNS는 여행사에서 광고 또는 홍보를 위한 마케팅 도구로 활용되고 있다.

코로나19를 극복하고 여행 산업의 종사자들이 급속히 증가하고 있을 뿐만 아니라 대학에서도 매년 수많은 학생들이 관광 분야의 이론과 실무를 습득하고 있다. 여행 산업에 관심을 둔 학생들에게 이 저서는 전공 필수 과목인 여행사경영론의 교재로 활용할 수 있도록 구성하였으며, 이들을 위한 지침서가 될 수 있도록 집필했다.

  세계가 일터인 관광 학도들에게 여행과 여행업에 대한 이해도를 높이고 학문적으로 조금이나마 도움이 되었으면 하는 바람이다. 또한 여행업 및 기타 관광업계에 취업을 목표로 하는 학생들에게도 실질적인 도움이 되기를 조심스럽게 바라본다.

  끝으로 여러모로 부족한 본서의 출간에 함께 수고해 주신 한올출판사 임순재 대표님 이하 관계자 여러분의 노고에 깊은 감사의 뜻을 전한다.

2025년 1월

용현동 연구실에서 저자 드림

Chapter
03

여행 상품 이해

Chapter
04

지상 수배 업무

Chapter 10

여행업의 창업

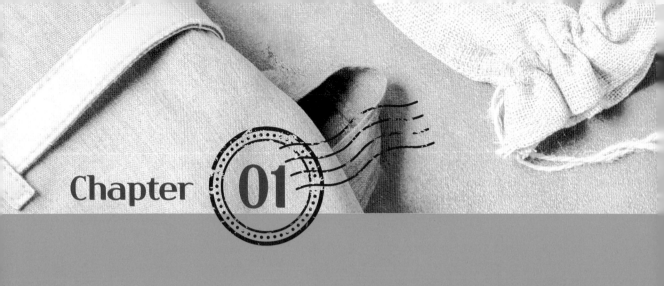

Chapter 01

여행의 개념

01
여행의 개념

1 여행의 개념

1 여행의 어원

동양에서 '旅行'이라는 용어는 『예기(禮記)』의 "三年之喪 練不立群不 旅行君子禮以飾情, 三年之喪而 弔哭不亦虛乎"에서 삼년상을 당하여 무리와 함께 이동하는 것은 예에 어긋난다는 의미로 사용되었다. 旅行(여행)의 '旅' 자는 '人'와 '方' 자를 합해서 이루어진 문자로서, '人' 자는 사람을, '方' 자는 방향을 의미하므로 '旅' 자는 사람이 어떠한 방향으로 움직인다는 뜻으로 사용되었다는 견해가 있다. 중국 고대 부족이 거주지에서 다른 곳으로 이동할 때 항상 그 부족의 깃발을 앞세워서 소속을 확실히 했다고 하며, 이것이 오늘날 단체로 여행을 할 때 여행사의 깃발을 앞세우는 것과 관련이 있다고 한다. 따라서 '旅' 자의 어원은 여행 시에 깃발을 앞세우고 일정한 방향으로 단체가 이동하는 모습과 유사하다. 즉, 고대에는 여행객들이 도적들의 습격이나 약탈로부터 몸을 보호하고 지키기 위해 집단을 형성하여 여행을 하였다. 이러한 '旅' 자에 '갈 행(行)'을 첨가하여 여행이라는 용어를 사용하였다.

오늘날의 여행 혹은 여행객을 의미하는 'travel' 혹은 'traveller'는 라틴어의 'travail'에서 파생되었다. 'travail'은 고통(trouble) 혹은 노동(work)의 의미로서 과거의 여행이 위험하고 고역이 따르는 여행이었다는 것을 알 수 있다. 즉, 그리스·로마 시대의 귀족이나 산업혁명 이후의 신흥 부유층의 호화 여행을 제외하고 대부분의 서민들의 여행은 위험과 고통이 따르는 여행이었다. 오늘날에도 배낭여행이나 저렴한 여행을 추구하는 일부 여행객의 경우 고난과 위험을 무릅쓰는 여행과 관련지어 이러한 의미를 생각해 볼 수 있다.

결론적으로 동서양에서 사용되고 있는 여행의 어원을 살펴본 결과, 여행에는 '인간 이동'이라는 공통된 개념을 가지고 있으며 무리를 이루어 이동하였다는 것을 알 수 있다.

2 여행의 정의

여행이란 넓은 의미로는 "인간이 어떤 목적을 가지고 어떠한 수단에 의해서 한 지점에서 다른 지점으로 이동하는 것", 좁은 의미로는 "인간이 일상 생활권을 떠나 다시 돌아올 예정으로 다양한 욕구의 충족을 위해 이동하는 행위 또는 모든 체험 과정의 총체"로 정의할 수 있다.

인간의 이동은 이주(移住) 또는 이민(移民) 등과 여행으로 나눌 수 있는데, 여행의 본질이 인간의 이동을 전제로 하지만, 모든 이동이 여행이라고 할 수 없다.

여행의 성립 조건은 첫째, 정주지를 떠난다는 것과 다시 돌아온다는 점이다. 둘째, 여행은 소비 행위여야 한다. 직업적인 목적이나 반복적인 생활 수단으로 이동하는 통근이나 등교 등은 여행이라 할 수 없다. 셋째, 타인에 의한 일방적인 이동이 아닌 여행객의 자유의 사대로 이동하여야 여행이라고 할 수 있다.

3 여행의 형태

인간의 여행 동기나 목적에 따라서 여행의 형태는 다양하기 때문에 여러 형태로 분류하지만, 일반적으로 이동 경로의 유형에 따라 4가지로 분류하고 있다. 한편, 여행의 경로가

복잡하게 되면 여행 업무를 대행하는 기관이 필요하게 되며, 이에 따라 여행업이 생성되고 발달하게 되었다.

1) 피스톤형

피스톤(piston)형은 여행객이 출발지에서 목적지에 도달한 다음, 그곳에서 여행을 하고, 다시 같은 경로를 이용하여 동일 출발지로 돌아오는 단순한 여행 유형이다.

🎗️ 그림 1-1_ 피스톤형

2) 스푼형

스푼(spoon)형은 출발지에서 목적지에 도달한 다음, 여행 목적지와 주변 관광지를 여행하고, 같은 경로로 돌아오는 여행 유형이다.

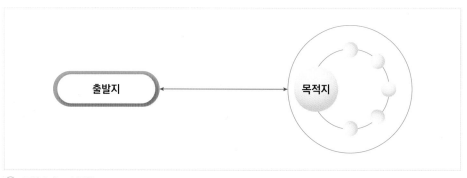

🎗️ 그림 1-2_ 스푼형

3) 안전핀형

안전핀(pin)형은 출발지에서 목적지에 도달하여 여행 목적지뿐만 아니라 주변 관광지를 여행한 다음 출발 경로와는 다른 경로로 돌아오는 여행 유형이다. 목적지의 여행 대상은

스푼형과 유사하지만, 다른 경로를 이용하여 거주지로 돌아오게 되므로 새로운 교통로
와 교통수단의 즐거움을 체험할 수 있다.

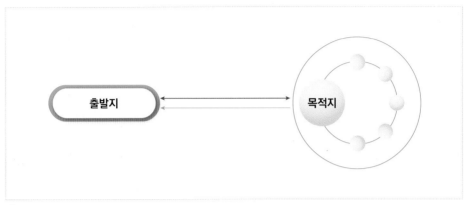

◎ 그림 1-3_ 안전핀형

4) 텀블링형

텀블링(tumbling)형은 출발지를 떠나 2곳 이상의 여러 목적지를 여행한 후, 출발 경로와
는 다른 경로로 돌아오는 여행 유형이다. 텀블링형은 여행객이 시간과 경제적 여유를 가
지고 있으며, 관광 목적지가 여러 곳에 산재해 있는 경우, 일반적으로 이용되는 여행 형태
이다.

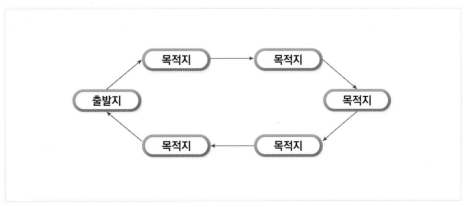

◎ 그림 1-4_ 텀블링형

이와 같은 4가지 형태의 여행 유형과 관련하여 피스톤형에서 텀블링형으로 갈수록 체류 기간이 길고, 여행 비용이 많이 필요하기 때문에 단독으로 여행을 계획하기가 어렵게 된다. 따라서 여행 정보 수집과 예약을 대행할 수 있는 누군가의 도움이 필요하게 되는데, 이러한 여행객의 필요와 요구에 따라 여행업이 등장하고 발전하게 되었다.

4 여행의 의의

일반적으로 과거의 여행이 생존을 위하여 수렵이나 채집을 위하여 이동하는 모습에서 여행의 근원을 찾는다면 현대의 여행은 과거의 여행과는 그 의미나 형태에서 전혀 다른 모습을 보이고 있다. 즉, 과거와 달리 현대의 여행은 일부 부유층이나 특권층에 의해서만 행해지는 것이 아니라, 모든 국민이 참여하는 여행으로 변화되고 있다. 또한 산업화와 도시화가 급속하게 진행되면서 반복적이고 권태로운 일상생활에 젖어 있는 현대인에게 있어서 여행은 삶의 질을 보다 윤택하게 할 수 있는 것으로 인식하게 되었다.

그 결과 도시에 거주하고 있는 많은 사람들이 주말이나 휴일을 맞이하여 새로운 경험과 자신만의 가치관 및 인생관을 형성하기 위하여 생활권을 벗어나 여행을 하게 되었으며, 여행은 인간에게 있어서 새로운 사회 현상의 하나로 자리잡게 되었다. 또한 단순히 아름다운 경관을 구경하거나 새로운 것들을 관람하는 정적인 여행에서 현재는 자신이 직접 참여하고 경험하기를 선호하며, 그 과정을 통해 새로운 자신을 발견하기 위한 과정으로 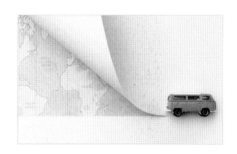 여행을 인식하고 있다. 이러한 이유로 현대인에게 있어서 여행은 일시적인 행동이 아니며 반복적이고 지속적인 것으로 전망되고 있다.

이에 따라 각국의 중앙 정부에서는 국민 행복과 삶의 질 제고 및 여행업을 비롯한 관광산업의 안정적인 성장 기반을 마련하기 위해 범국민적인 차원에서 '여행가기 운동'을 전개하는 동시에 국내 여행을 저해하는 각종 제도와 불합리한 관행을 개선하기 위한 정책들을 적극적으로 추진하고 있다.

2 여행의 시대적 변천 과정

1 고대의 여행

진정한 의미의 완전한 여행은 여행객 스스로 인식하는 여행이다. 기분 전환을 위한 여행이나 즐거움을 찾기 위한 여행을 했다는 기록은 오래 전부터 존재해 왔다. 그런 의미에서 여행은 인류와 함께 오랜 역사를 가지고 있다고 할 수 있다. 하지만 인간에게 있어서 여행이 어렵고 고통스러운 행위가 아니라 현대와 같이 즐겁고 유쾌한 행위로 다가온 것은 인류의 역사상 오래된 일은 아니다.

선사 시대에 있어서 여행이라는 것은 현대의 여행과는 달리 자신과 종족의 생존에 필수적인 의식주를 해결하기 위해 채집과 사냥 활동을 위하여 단순히 여러 장소를 이동하는 것이었다. 신석기 시대에 들어서면서 정착 생활을 하는 원시 농경 사회가 되면서 공동 사회생활의 터전을 마련하게 되었으며, 생활 양식의 변화에 따라 새로운 도구가 생겨나고 가축을 이용하며 배 또는 바퀴가 발명되면서 새로운 형태의 이동이 가능하게 되었다. 이와 같은 이동 수단의 발명은 장거리 여행을 가능케 함으로써 타 지역 또는 타 종족과의 교류가 활발하게 이루어질 수 있는 계기를 마련해 주었다. 또한 집단적인 공동체 사회의 정착에 따라 그 사회 고유의 문화가 형성되고, 원시 신앙이 나타나게 됨으로써 이에 수반되는 물품의 교역이나 축제 또는 종교적 행사를 위한 여행이 시작되었다.

한편, 고대에는 현대의 여행과는 비교할 수 없을 만큼 제약이 많았고, 그 범위도 협소하여 참가할 수 있었던 사람도 적었지만, 오래전부터 여행이 존재했던 것은 틀림없는 사실이다.

일반적으로 고대 시대의 국가로는 그리스, 이집트, 로마를 들 수 있는데, 이들 국가는 교역에 필요한 수단과 도구들을 발전시킴으로써 이동을 용이하게 하고 활발한 여행 활동을 전개하였다.

여행이 유럽에서 본격적으로 나타난 것은 그리스 시대로 올림피아에서 열렸던 경기에 참여하거나 요양을 목적으로 많은 사람들이 여행을 한 것으로 전해지고 있다. 또한 그리

스 신화에서 알 수 있듯이 종교적인 목적으로 신전에 참배하기 위해 많은 사람들이 운집하기도 하였다. 이러한 여행의 성장과 발전을 가져다 준 주요 요인으로는 생산 수단으로 노예를 이용함으로써 귀족층이나 부유층이 노동으로부터 해방되어 충분한 여가 시간을 확보하게 되었고 그것이 여행 참여의 기회 증대로 이어졌다.

로마 시대에서는 여행이 한층 더 번성하여 종교, 요양, 식도락, 예술 감상, 등산 등과 같은 목적으로 여행이 활발하게 이루어졌다. 로마 시대 여행 발전의 주요 요인으로는 교통수단인 도로의 정비를 들 수가 있다. 본래 로마의 도로 정비는 주로 전략상의 이유였지만, 이것이 여행 발전에 기여한 부분은 매우 컸다. 그러나 5세기에 이르러 로마 제국이 붕괴되면서 치안의 문란과 도로의 황폐 그리고 경기 하락으로 인해 여행의 암흑기가 도래하게 되었다.

2 중세의 여행

로마 제국의 붕괴는 여행에 많은 부정적인 영향을 미쳐, 이 시기는 여행의 발전이 침체된 시기라고 할 수 있다. 여행의 암흑기는 A.D. 1000년경에 이르기까지 지속되었으며, 이로 인해 교역을 위한 여행이 침체되었다. 그리고 여행의 안전성 확보 및 필요한 서비스가 적절하게 이루어지지 않았다. 또한 이 기간 동안 지역 간의 빈번한 분쟁으로 인한 정치적 불안정으로 장기 여행은 매우 위험스러운 모험으로까지 인식되었다. 그러나 A.D. 1095년에서 1291년 사이에 기독교 중심의 권력에 의해서 이루어진 십자군 전쟁으로 인해 동서 간의 교류가 지속적으로 이루어지면서 새로운 문화에 대한 호기심을 기반으로 유럽을 가로지른 여행이 시작되었는데, 중세 유럽의 여행은 성지 순례와 같은 종교적 목적의 여행이 활발히 진행되었다.

3 근대의 여행

르네상스는 중세와 근세 사이에서 서유럽 문명사에 나타난 역사적 시기로 학문 또는 예술의 재생, 부활이라는 의미를 가지고 있다. 르네상스 시대는 고대 그리스 로마 문화를 이상으로 하여 이들을 부흥시킴으로써 새 문화를 창출해 내려는 시기로 그 범위는 사상, 문학, 미술, 건축 등 다방면에 걸쳐서 나타났다.

이 시기에 유럽의 상류 계층에서부터 보편화된 여행으로 '그랜드 투어(grand tour)'가 나타났는데, 그랜드 투어란 귀족들의 자제를 위한 현장 체험 교육 프로그램에서 출발하였으며, 프랑스와 이탈리아를 대상으로 1500년경에서 1820년경까지 지속되었다. 초기 여행 동기는 주로 귀족층 자녀들의 견문과 지식을 넓히

는 데 있었지만 후기에는 주로 작가, 예술가 그리고 철학자들이 아름다운 자연 경관을 감상하는 것으로 여행 동기가 변화되었다.

한편, 이러한 여행에는 대개 두 명의 가정 교사를 동반했는데, 한 명은 학문을 가르치고, 다른 한 명은 승마와 펜싱, 춤 등을 가르쳤다. 또한 짐을 나르는 하인과 통역을 담당하는 사람, 그리고 전용 마차도 필요했다. 따라서 열차도 없고 다른 운송 수단조차 여의치 않았던 시절에 이러한 긴 여정을 소화하기 위해서는 막대한 비용을 지불해야만 했다. 그렇기 때문에 그랜드 투어는 상류 사회의 전유물이 되었고 부를 과시하는 수단이 되기도 했다.

그러나 1840년대 이후 철도 여행이 대중화되자 보다 안전하고 빠르게, 저렴한 비용으로 여행을 할 수 있게 되면서 귀족과 상류층만의 특권이었던 그랜드 투어는 더이상 그들만의 것이 아니었다.

르네상스 이후, 유럽은 산업화가 진행되었고, 지방 중심의 농업 경제에서 도시 중심의 공업 경제로 급속히 전환되면서 고용 구조, 사회 계층, 부의 구조에 재편을 초래하게 되었다. 또한 산업화로 인한 물질 문명의 발달, 도시화, 부의 축적 가속화는 사람들로 하여금 자신의 건강, 즐거움, 호기심에 대한 욕구 충족을 할 수 있는 여행의 기회를 확대시켜 주었다. 더 나아가 철도망의 확대, 선박과 자동차의 발달과 같은 교통수단의 발전은 여행의 대중화에 크게 기여하게 되었다.

특히 1841년 '근대 여행 산업의 아버지'로 불리는 토마스 쿡(Thomas Cook)이 최초로 포괄 단체 여행을 창안하였는데, 포괄 단체 여행은 운송, 숙박, 여행에 요구되는 것들을 한

꺼번에 묶어서 저렴한 가격으로 판매하는 단체 여행을 의미하는 것으로서 현대의 패키지 여행 상품과 유사한 개념이다. 또한 토마스 쿡은 1841년 세계 최초의 여행사인 Thomas Cook을 설립하기도 하였다.

④ 현대의 여행

제2차 세계 대전 후 항공, 대중교통, 자가용, 렌트카 등의 교통수단의 발전과 더불어 교통 기관의 설비 능력이 개선·발전됨에 따라 대량 수송 체계를 갖추기 시작하였다. 또한 전후의 경제 회복으로 국민 소득이 증대함에 따라 여행이 증가하기 시작하였으며, 나아가 매스컴의 발전과 정보 산업의 발달로 인해 사이버 여행까지 체험할 수 있는 시대로 접어들고 있다. 이와 같은 고도 성장에 따른 산업화, 도시화는 인간의 긴장과 스트레스로 인한 탈스트레스 욕구의 증가, 주거 지역의 공해로 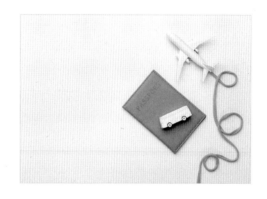 인한 자연으로의 도피 욕구가 점점 더 증가하게 되었다. 이러한 현상은 전후의 관광 선진 국에서는 대중에 의한 대량 관광 시대인 Mass Tourism 시대를 맞이하게 되었다.

국제적 측면에서 보면 각국의 경제력 회복을 위해 필요한 외화 획득의 한 수단으로 국제 관광을 중시하게 되었으며, 외국인 관광객을 위한 호텔 건설과 대외 관광 선전에 힘을 기울이고 있으며, 전 세계적으로 국제 관광 수입은 국제 거래의 1위를 점하고 있다.

특히 세계 경제의 저성장 기조가 지속되면서 선진국을 비롯한 대부분의 국가에서는 수출 둔화, 물가 급등, 금융 자산 부실화 등의 경제 불안 요인들을 안정시키고, 일자리 창출 및 지속적인 성장 기반을 마련하기 위한 노력들을 적극적으로 추진하고 있다. 이에 따라 세계 각국에서는 관광 산업을 '고부가가치를 창출하는 융복합 산업'으로 지정하고, 2020년 16억 명으로 예상되는 국제 관광 시장을 선점하기 위해 대대적인 투자에 나서고 있다. 최근 국내에서도 관광 산업의 중요성을 인식하고, 국내 관광 수요의 확대와 지역 관광 콘텐츠 개발을 통한 국민 행복과 내수 경제 활성화를 달성하기 위해 2017년을 목표로 국내 관광 시장 규모를 현재의 24조 원에서 30조 원으로 확대하는 국내 관광 활성화와 25위에 있는 국제 관광 경쟁력을 15위 권으로 도약시키기 위한 관광 산업의 경쟁력 제고를 위한 정책들을 적극적으로 추진하고 있다.

즉, 지역 활성화와 내수 진작을 위해 창조 경제(Creative Economy)를 활용한 여행 산업의 혁신과 지속적인 성장을 위해서 휴가 여행이 여름철에 집중되어 발생하는 혼잡 비용의 증가, 여행 만족도 저하, 비수기 여행업계의 경영 악화, 청소년 및 가족 여행 제약 등의 문제점을 개선하고, 신규 여행 수요 창출과 여행 만족도 제고를 위해 올해 처음으로 국내 여행에 적합한 봄(5월)과 가을(9월)의 각 11일을 '관광 주간'으로 설정하여 집중 프로모션으로 국내 여행 참여를 적극적으로 유도하고 있다.

한편, 국민 후생의 증진과 지역 개발의 촉진에 주목한 각국의 정부와 지방 공공 단체는 혜택받지 못한 계층에게도 여행의 기회를 제공하자는 측면에서 Social Tourism의 시대를 열었다. Social Tourism은 '재정적으로 취약한 계층을 위하여 대부분의 경우 특별한 조직에 의하여 추진되는 관광'으로 정의되고 있는데, 구체적으로 철도나 항공기 등의 운임할인 제도, 유스 호스텔이나 국민 휴가촌의 건설 등을 들 수 있다.

현대 여행의 대표적인 현상은 여행의 대중화라고 할 수 있다. 그러나 여행 경험이 보편화될수록 여행객은 보다 차별적이고 세분화된 여행 경험을 찾고자 하는 욕구가 증대될 것이며, 이에 따라 다양한 여행 상품 개발에 대한 필요성이 제기되고 있다. 특히 대중 여행은 사회·문화·환경적 측면에서 여행 목적지와 조화를 이루지 못하여 'Guest and Host'와 같은 지역 사회에 많은 부작용을 유발하여 왔으므로 이를 개선하기 위하여 향후의 여행은 지역의 자연환경, 풍습, 역사 등을 보전하는 가운데 적절히 활용함으로써 질적으로 수준 높은 경험을 얻을 수 있는 다양한 형태의 여행이 등장하게 될 것이다.

즉, 현지에서 직접적인 체험을 통하여 여행 활동의 이해를 넓히고 만족을 증대시키고자 하는 여행 욕구가 증가하면서 기존 대중 여행에 대한 반작용으로 자연환경과 고유 문화 등을 보전하는 가운데 여행하고자 하는 공정 여행·생태 여행·농촌 여행·문화체험 여행과 같은 대안적 여행 형태의 중요성이 크게 강조될 것이다.

한편, 체험 여행이란 여행객이 목적지나 경유지 등에서 단순히 구경하는 것만이 아니라 스스로 손과 몸을 움직여 직접 체험하는 여행을 말한다. 이러한 체험 여행은 관람형 여행

에 비하여 다음과 같은 차별성이 존재한다.

첫째, 체험 여행은 이(異)문화적 요소 혹은 기억에 남을 만한 현상에 대한 강도 높은 체험활동이 이루어진다.

둘째, 체험 여행은 지역 사회나 자연환경과의 직접적인 접촉을 통하여 이해의 폭을 넓힐 수 있는 활동이 이루어진다.

셋째, 체험 여행은 보다 적극적이고 창조적인 참여 활동을 통하여 지적 욕구를 충족시킨다. 즉, 체험 여행이란 독특한 체험을 추구하기 위하여 특정 대상에 대한 보다 직접적이고 강도 높은 여행 경험을 의미한다.

5 여행 현상의 변천 과정

인류 역사의 시작과 함께 생성된 여행은 시공간의 환경 변화에 따라 여행 현상 자체도 뚜렷한 구분을 지으면서 발전해 온 것이 사실이다. 그러나 현대 사회에서 여행은 단순히 이동에서 나타나는 현상으로 보기에는 다소 무리가 따르기 때문에 여행 현상을 명확히 구분하기는 매우 어렵다.

대체적으로 여행의 시대적 변천 과정을 통하여 분석해 본 여행 현상은

❶ 사회 계층상으로 볼 때 여행의 참여 계층은 상류층에서 점차 중류층, 하류층으로 확대되고 있으며, 유급 휴가제와 같은 제도적 장치로 일반 근로자들의 여행 기회를 보장함에 따라 대중 여행으로 발전하고 있다는 점.

❷ 시대적 환경 변화에 따라 사람들은 자신의 여가 시간에 대한 욕구가 더욱 다양화되고 있다는 점.

❸ 여행 수요가 급증하고 여행에 따르는 이동 수단 및 각종 편의 시설이 획기적으로 발전함에 따라 여행 관련 기업들의 경쟁적 환경도 급변하고 있다는 점 등으로 인하여 매우 복잡하게 나타나고 있다.

1) Tour 시대

고대 이집트·그리스·로마 시대로부터 1830년까지를 총칭하여 Tour 시대라고 할 수

있다. 이 시대의 특징은 여행의 범주가 이동 수단이나 여건의 제약으로 일상 생활권의 범주를 크게 벗어난 활동이 아니었으며, 여행의 형태 역시 자연 발생적인 특징을 가지고 있다. 특히 여행의 주체인 참여자도 노동에서 제외되고 이동이 자유로운 일부 특권층에 의하여 여행 행위가 이루어졌기 때문에 아주 미미한 여행 현상만이 존재하였다.

2) Tourism 시대

자연 발생적인 단계에서 벗어난 19세기 이후에서 2차 세계 대전까지의 시대로써 사회의 변화는 보다 세분화된 산업 사회로 발돋움하기 시작하면서 지금까지 사회 현상에 공존해 왔던 여행 현상이 여러 가지 요인으로 인하여 사회 현상과 상호 작용을 하게 되었다.

첫째, 여행 참여 계층 측면에서 자연 발생적인 단계와는 달리 범위가 확대되어 여행 수요가 증가되었다.

둘째, 공간적 이동 수단과 조건이 발전됨에 따라 지역적인 범위에서 벗어난 여행 행동으로 전환되었으며 생활 양식 또한 변화되었다.

셋째, 자연 발생 단계의 생산 방식이 산업 성장으로 인하여 분업화·기계화로 전환됨에 따라 생활 형태의 새로운 양식이 나타나기 시작하였다. 즉, 노동을 통한 만족보다는 새로운 생산을 위한 수단으로 여행이 점차 필요하게 되었다.

넷째, 매개 발전 단계의 전반적인 사회 현상에 의한 여행의 필요성은 사회 현상과 여행 현상 간의 상호 작용으로 인하여 여행 활동을 위한 여행 환경을 제도적으로 유도할 만한 기능이 출현하게 되었다. 즉, 생존을 위한 생활과 생활의 재창조 및 노동의 재생산을 위한 여행 활동의 분리가 일어나게 되었다.

다섯째, 이 시대의 두드러진 여행 현상은 여행 시장, 여행 대상에 여행업이 개입하여 여행 현상을 주도하기 시작했다는 점이다.

3) Mass Tourism, Social Tourism 시대

2차 세계 대전 이후의 시대를 Mass Tourism, Social Tourism 시대라고 표현한다. 학자에 따라서는 이를 좀더 세분화하여 Popular Tourism, National Tourism을 포함시켜 표현하기도 한다.

이 시대는 2차 세계 대전 전후로 급속하게 발전하기 시작한 산업 사회로 인간 생활에 보다 복잡하고 다양한 사회 조직과 기능을 요구하게 되었다. 이러한 공업화 현상과 더불어 현대 과학 문명의 발전은 인구 구조에 있어 비례적인 인구 증가를 초래하였으며, 인구의 도시 집중에 의한 도시화 현상은 오늘날 급격한 사회 변화 요인으로 작용하게 되었다.

한편, 사회가 기능적으로 복잡해짐으로써 여행 현상도 다기능화되었다. 여행 활동의 공간적 개념이 교통 혁신으로 시간적 개념으로 변화되었으며, 산업화로 인한 경제 성장은 현대인에게 여행의 필수품 시대를 가능하게 하였다. 특히 전 국민이 여행할 수 있게 되었으며, 이에 따라 대량 이동과 여행의 대중화 시대가 가능해지게 되었다.

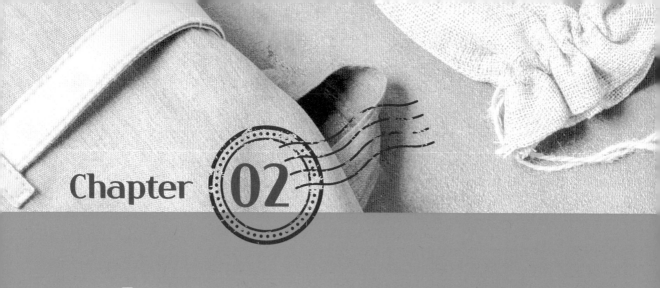

Chapter 02

여행업의 개요

1. 여행업의 개념과 특성
2. 여행업의 종류와 법적 요건
3. 여행업의 발전 과정 및 향후 전망

02
여행업의 개요

1 여행업의 개념과 특성

1 여행업의 개념

일반적으로 관광 산업은 여행업, 숙박업, 교통업, 여행 관련 산업으로 구분하는데 네 업종은 인간의 여가 시간과 깊이 관련되므로 시간 산업(time industry)이라고 한다.

❶ 교통업은 도착 소요 시간을 절약해서 인간들에게 많은 휴식 시간을 제공함으로써 시간 절약 산업(time saving industry)이라 한다.

❷ 절약된 시간을 인간들이 유용하게 활용할 수 있게 해주는 것이 여행업의 역할이므로 시간 활용 산업(time utilization industry)이라 한다.

즉, 여행업이란 아래의 [그림 2-1]과 같이 관광의 구성 요소 중 관광 주체와 관광 객체를 연결시켜 주는 관광 매체의 역할을 수행한다.

그림 2-1_ 관광의 구성 요소

관광의 체계 분석을 통해 여행업을 규명하면, 여행업은 관광의 구성 요소 중 관광 매체에 속하는 것을 알 수 있다. 즉, 제1 요소는 관광 주체로서 여행 시장을 형성하는 관광객, 제2 요소는 관광객에게 관광 욕구를 충족시켜주는 관광 대상으로서 관광 자원 및 관광시설을 포함하며, 이것은 관광 공급 시장을 형성하는 중요한 요소이다. 제3 요소는 관광객과 관광 대상을 연결시켜 주면서 관광 주체인 관광객이 요구하는 관광 서비스를 제공하고, 관광 객체인 관광 매력물의 개발과 진흥을 촉진시키는 관광 매체이다. 이 매체에는 시간적 매체인 숙박 시설·여행객 이용 시설·관광 편의 시설, 공간적 매체인 교통 기관·도로·운송 시설, 기능적 매체인 여행업·통역 안내업·관광 정보와 광고 등이 있다.

1) 일반적 개념

여행업은 여행객에게 숙박 시설 및 운송 기관 등의 여행 상품(principal)을 예약·수배·알선 등을 제공하고, 시설업자(principle)로부터는 일정액의 수수료를 받는 것을 포함하고, 더나아가 여행 상품이라는 여행사 고유의 제품을 생산, 판매하는 3차 산업의 하나로서 독립된 산업을 일컫는다.

이러한 표현은 여행업의 업무 내용을 포괄적으로 규정한 것으로 좀 더 구체적으로 설명하면 다음과 같다.

❶ 여행객을 위해 운송 또는 숙박 서비스 제공을 의뢰받아 이를 대리 체결하고 매개하며 확보하는 행위

❷ 시설업자를 위해 여행객에 대한 이러한 서비스의 제공에 관해 대리로 계약을 체결하거나 매개하는 행위

❸ 타인이 경영하는 운송 기관 또는 숙박 시설을 이용, 여행객에게 운송 및 숙박 서비스 제공이 가능하도록 하는 행위

❹ 여행객을 위해 여권 및 비자 발급에 관한 업무를 수속·대행하는 행위

❺ 여행객에게 정보를 제공하고, 상담에 응하는 행위 등을 포함하는데, 이러한 업무 내용이 곧 여행업이 수행하고 있는 역할이다.

한편, 세계 최대의 여행업 기구인 미국여행업협회(ASTA: American Society Travel Agents)에서는 "관광 관련 사업자를 대신하여 제3자와 계약을 체결하고 또한 이것을 변경 또는 취소할 수 있는 권한이 부여된 자"로 여행업을 정의하고 있다.

여행업의 개념을 정리하면 다음과 같다.

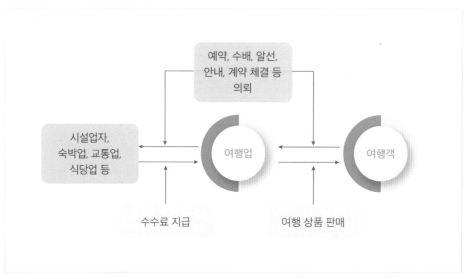

🌀 그림 2-2_ 여행업의 개념

2) 법률적 개념

여행업의 정의는 몇 차례 관련 법규가 개정되면서 시대적 상황 변화를 법규상의 개념에 반영하는 방향으로 변화하여 왔다.

1995년 1월 관광진흥법 개정 시, 여행업의 개념에 대한 정의가 수정되었으며, 1999년 1월 관광진흥법 개정 시 그대로 사용되고 있는데, 관광진흥법 제3조(관광사업의 종류)에 의하면 여행업은 "여행자 또는 운송시설, 숙박 시설 그밖에 여행에 딸리는 시설의 경영자 등을 위하여 그 시설 이용 알선이나 계약 체결의 대리, 여행에 관한 안내, 그 밖의 여행의 편의를 제공하는 업"으로 개념화하고 있다.

2 여행업의 특성

여행업은 대규모의 설비를 바탕으로 유형재를 대량 생산하는 제조업과는 달리 서비스 상품을 판매하는 기업이다. 따라서 여행업 고유의 본질적인 특성을 가질 수밖에 없다. 이러한 측면을 바탕으로 여행업의 특성을 살펴보면 다음과 같다.

1) 위험 부담이 적은 산업

여행업은 고정 자본의 투자와 소액의 규모로도 운영되는 소규모 자본에 의한 경영 형태를 취하고 있다. 이는 여행업이 여행 관련 시설업자로부터 여행 부품을 구입하고 주문 생산을 통해 사업을 운영하므로 대규모 설비 투자가 필요치 않는 사업이라고 해석할 수 있다.

또한 여행업은 위험 부담률을 상대적으로 줄일 수 있고 타 산업으로의 전·폐업이 가능해 신규로 진입하기 쉽다는 점 때문에 시장 구조를 혼란시킬 가능성을 항상 내포하고 있다. 이것은 과당 경쟁을 유발하는 원인으로 작용하기도 한다.

이외에도 여행사는 예약한 항공 좌석과 호텔 객실을 취소하여도 이에 대한 책임이 거의 없으며, 상품 판매에 대한 위험 부담도 수반되지 않기 때문에 위험 부담이 적은 산업이라고 할 수 있다.

2) 노동 집약적 산업

컴퓨터의 보급 확대와 통신 기기 및 정보 전달 수단의 개발 등에 힘입어 사무 자동화가 추진되고 있지만, 여행업의 근본인 인적 서비스는 물론, 여행 출발에서부터 완료까지

여행사 의해 모든 업무가 이루어지므로 인적 의존도가 높은 산업이다.

이는 여행객의 요구가 다양하기 때문에 분업이나 기계화가 불가능하고, 서비스를 주 상품으로 하는 경우에는 기능적인 요소보다는 정신적인 요소가 강하게 작용하기 때문이다. 따라서 여행업의 산출(output)은 투입(input)된 노동력에 비례하는 노동 집약적인 특성을 가지고 있다.

3) 신용 산업

여행객은 여행사를 신뢰하고 있기 때문에 여행을 출발하기 전에 여행 상품을 구매하는 대가로 막대한 여행 경비를 여행사에 지불하고 있으며, 여행업자는 여행 대금을 수령한 후 운송 기관과 숙박기관에 결재하기까지 자금 유용이 가능해진다. 이러한 측면에서 여행사를 경영함에 있어서 신뢰란 기업 성공의 최대 관건이 되며 아울러 중요한 변수가 된다.

이러한 여행업의 특성은 최근 활성화되고 있는 여행업의 부대 사업인 카드 산업 등에 전용되고 있어 금융적 성격을 강하게 띠고 있다.

4) 인적 판매 및 직원의 전문화가 필요한 산업

여행 상품은 여행사의 인적 구성에 따라 상품의 품질이 변할 수 있기 때문에 여행사 직원의 활동 여부에 따라 판매 수요에 큰 영향을 미친다. 또한 여행사의 모든 직원은 여행에 대한 제반 지식, 여행 상품의 구체적 내용(숙박, 교통, 입장료 등)에 대해 여행객과 어떠한 대화도 함께 할 수 있는 전문 요원이 되어야 한다. 즉, 여행 상품의 기획과 이를 위한 운영 및 관광안내 그리고 커뮤니케이션의 원활화 등이 필수적이다.

그러므로 여행사는 고객의 만족을 이끌어 낼 수 있는 전문 인력을 확보하고 정기적인 교육을 통해 직원의 자질과 능력을 지속적으로 향상시켜 주어야 한다. 만족할 만한 종업원의 복지 제공을 통해 확보된 전문 인력은 곧 여행사의 중요한 자본이 된다.

5) 계절적 수요 탄력성

여행업은 본질적으로 성수기와 비수기의 수요 탄력성이 매우 높은 산업이다. 따라서 여행업을 경영하는 데 가장 어려운 요인 중의 하나가 수요의 계절적인 집중 현상이다. 우리나라는 여름철에 휴가가 실시되므로 여행객의 집중 현상이 크게 나타난다.

그러므로 여행업을 경영하는 데 있어서 수요에 순응하여 탄력적으로 운영하는 것도 중요하지만, 비수기에는 상품 가격의 대폭적인 할인과 같은 공격적인 마케팅을 통해 수요를 창조하는 입장에서 적극적으로 경영 활동을 전개시켜 나가야 할 것이다.

2 여행업의 종류와 법적 요건

1 여행업의 종류

여행업의 종류는 관광진흥법 시행령 제2조(관광사업의 종류)의 규정에 의하여 일반 여행업, 국외 여행업, 국내 여행업 3종으로 분류되어 있었으나 관광진흥법 시행령 개정(2021. 3. 23. 일부개정, 2021. 9. 24. 시행)으로 일반여행업은 종합여행업, 국외여행업은 국내외여행업으로 변경되었다.

1) 종합여행업

종합여행업은 국내외를 여행하는 내국인과 외국인을 대상으로 여행 관련 상품과 서비스를 생산·유통·판매하고 사증을 받는 절차를 대행하는 행위를 조합하며, 이에 필요한 일체의 경영 행위를 하는 여행업체를 말한다. 외국인 관광객 유치의 중추적 역할을 하고 있는 종합여행업은 주로 외래 관광객 유치를 위해 해외여행 시장을 대상으로 하며, 대부분의 업체들은 중국과 일본을 중심으로 판촉 활동을 전개하고 있으며, 한류 열풍 등으로 관심이 한층 고조된 아시아권, 특히 동남아 시장도 일반 여행업체들의 주 공략 대상이 되고 있다. 특히 매년 증가 추세에 있는 유럽과 미주 지역 등지의 해외여행 시장도 보다 다변화시켜 나가는 것이 시급한 실정이다.

또한 종합여행업 설립을 위해서는 자본금(개인의 경우 자산평가액 기준)은 5천만 원 이상이

며, 사무실은 소유권 또는 사용권이 있어야 하고, 관광진흥법이 정하는 바에 의하여 기초 자치 단체에 등록하여야 한다.

일반 여행업체는 2021년 12월 현재 전국에 6,093개 업체가 등록되어 있으며, 특히 서울을 포함한 대도시와 수도권에 편중되어 있으며, 서울의 경우 3,479개의 업체가 집중되어 있다.

2) 국내외여행업

국내외여행업은 국내외를 여행하는 내국인을 대상으로 하는 여행업으로 사증을 받는 절차를 대행하는 행위를 포함한다.

또한, 자본금(개인의 경우 자산평가액 기준) 3천만 원 이상이며, 사무실에 대한 소유권 또는 사용권이 있어야 하고, 관광진흥법 제55조 권한의 위임·위탁 조항에 의거 해당 기초 자치 단체에 등록하여야 한다.

국민의 해외여행에 따른 여권 발급 업무 및 여권 수속 대행 업무 등, 해외 여행객의 편의를 증진하기 위하여 1982년에 종전의 항공 운송 대리점에 대한 등록 기준을 강화하여 명칭을 여행 대리점업으로 변경하였다. 1987년 7월에는 내국인을 대상으로 하는 국외  여행 알선 업무를 수행하도록 업무 범위를 확대하면서 국외 여행업으로 변경하였다. 2021년 12월 말 기준으로 등록된 국내외 여행업체는 9,025개이며, 이중 3,318개가 서울에 집중되어 있다.

3) 국내 여행업

국내 여행업은 국내를 여행하는 내국인을 대상으로 하는 여행업을 말하며, 자본금(개인의 경우 자산평가액 기준) 1천 500만 원 이상이어야 한다. 사무실에 대한 소유권 또는 사용권이 있어야 하며, 관광진흥법 제55조에 의거 해당 기초 자치 단체에 등록하여야 한다.

2012년 12월 말 현재 5,220개의 업체가 영업 중인 국내 여행업은 국내를 여행하는 내국인을 대상으로 하는 여행업을 말한다. 그러므로 내국인을 대상으로 한 국내 여행에 국한하고 있으며, 외국인을 대상으로 하거나 내국인을 대상으로 한 국외 여행업을 하지 못하게 되어 있다. 여행 상품의 제작 판매와 알선 및 안내를 주 업무로 하고 있고, 전세 버스업을 겸하고 있는 업체가 많다.

국내 여행업체의 증가는 경제 발전에 따른 가처분 소득의 증가와 여가 시간의 확대 등으로 여행이 국민 생활의 중요한 일부분으로 자기잡게 됨으로써 국민 여행이 증가한 결과이다.

국내 여행업은 여행 상품의 제작·판매 또는 타 여행사의 패키지 상품뿐만 아니라 국내선 항공권, 철도 승차권, 특별 행사의 입장권, 호텔 쿠폰 등을 판매하거나 관광버스의 일반전세도 취급하고 있다.

② 여행업의 법적 요건

1) 여행업의 보증 보험 가입

관광진흥법 시행 규칙에 따라 여행업자는 사업을 시작하기 전에 여행 알선과 관련한 사고로 인하여 여행객에게 피해를 준 경우, 그 손해를 배상할 것을 내용으로 하는 보증 보험에 가입하거나 업종별 관광협회(업종별 관광협회가 구성되지 아니한 경우에는 지역별 관광협회)에 영업보증금을 예치하고 사업을 하는 동안(휴업기간 포함)에 계속 이를 유지해야 한다.

여행업자가 가입·예치하고 유지해야 할 보증 금액의 가입 금액 또는 영업 보증금의 예치금액은 직전 사업 연도 매출액(손익계산서에 표시된 매출액) 규모에 따라 책정된다.

2) 기획 여행의 실시

기획 여행은 국외 여행을 하고자 하는 여행객을 위해 목적지와 일정, 제공받는 운송·숙박의 서비스 내용과 그 요금에 대한 사항을 미리 정하고, 이에 참가하는 여행객을 모집하는 여행 형태이다. 관광진흥법 제12조에 의하여 기획 여행을 실시하고자 하는 자는 문화체육관광부령으로 정하는 요건을 갖추어 기획 여행을 실시할 수 있다.

3 여행업의 역할과 업무

1) 여행업의 역할

❶ 신뢰성의 확보

여행객이 여행사를 통하여 사전에 예약·수배함으로서 출발 전 심리적 불안감을 해소할 수 있으며, 여행 전문가를 통해 정확한 정보를 제공받을 수 있기 때문에 여행사를 신뢰하고 안심하고 여행을 떠날 수 있다.

❷ 정보 판단력 제공

여행객은 여행에 대한 각종 다양한 정보 선택을 위하여 필요한 판단력을 여행사에 위임함으로서 보다 유익한 정보를 얻을 수 있다. 또한 여행사는 전문 지식, 경험 등의 축적된 노하우를 통해 이를 돕는 역할을 수행한다.

❸ 시간과 비용 절약 효과

통신 수단의 발달과 보급 등의 확대로 여행객 스스로 항공 및 각종 여행 예약을 직접할 수 있게 되었지만, 여행 예약에는 많은 시간과 비용이 요구될 뿐 아니라 만족하기도 어렵다. 이러한 점에서 여행객은 여행사를 신뢰하고 모든 사항을 의뢰함으로써 시간과 비용을 절약하는 효과를 얻을 수 있다.

❹ 여행 요금의 염가성

여행업을 통한 여행은 여행업자가 대량 공급을 통해 가격을 할인하기 때문에 개인이 직접 수배해서 여행하는 경우 보다 훨씬 저렴한 가격으로도 여행이 가능하다. 이러한 경향을 반영하여 최근에는 목적지까지의 교통편과 숙박 시설은 미리 준비한 것을 이용하고 현지에서는 여행객 각자가 자유스럽게 여행하는 형태인 하프 메이드 투어(half made tour)나, 목적지까지의 교통편은 임의 선택하되 목적지에서 합류하여 함께 관광하는 목적지 집결형 여행 상품 등이 개발·판매되고 있다.

2) 여행업의 업무

❶ 여행 상품의 기획·개발 업무

상품 기획·개발 업무는 여행 상품의 개발 방향을 정하고 시설업자(Principle)와의 교섭을 통해 판매 가격의 결정과 광고 활동을 전개하는 업무 등을 포함하는데, 이러한 업무는 여행 상품에 있어서 두뇌 역할을 수행한다고 할 수 있다.

❷ 상담 업무

상담 업무는 여행 정보를 수집하고, 여행 상품의 판매 보조 수단으로 여행 상품을 설명하는 기능으로서 유능한 인력이 진행하는 여행 상담은 고객에게 만족감을 주고, 이를 통해 새로운 여행 수요를 증가시켜 여행사의 발전에 기여하게 된다.

❸ 예약·수배 업무

여행과 관련된 각 요소의 수요를 미리 예측하여 여행객을 위한 대리인으로서 호텔, 교통편 등의 예약 및 수배를 담당하는 기능을 말한다.

❹ 판매 업무

시장 조사를 통해 여행객의 선호나 욕구를 파악한 후 이에 적합한 여행 요소들을 통합하여 여행 상품을 생산하고, 이에 적정한 이윤을 붙여 경쟁력 있고 합리적인 가격을 정하여 여행객에게 판매하는 기능을 말한다. 판매 방법으로는 카운터 판매, 방문 판매, 우편 판매, 전화 판매, 통신 판매, 회원 조직 판매, 대중 매체 판매 등이 있다.

❺ 수속 대행 업무

여행객을 대리하여 여행에 필요한 제반 수속을 대행하는 기능으로 사증, 해외여행보험 가입, 환전 등 고객편의를 대행해 주는 기능이 포함된다.

❻ 예약 및 발권업무

여행시설업자의 상품예약·판매 및 판매위탁을 받은 항공권, 철도승차권, 선박승선권 등 각종 쿠폰류를 발행하는 기능이 포함된다.

❼ 여정 관리 업무(첨승 업무)

확정된 여행 일정에 의거하여 원활히 여행을 진행시키는 여행 관리 기능을 말한다.

여행 관리 기능은 대체로 국외 여행 인솔자(Tour Conductor) 또는 여행사 직원이 담당하는데, 이들은 여행객과 동행하여 여행객의 편의·안전 및 여정을 조정하는 중요한 역할을 담당한다.

❽ 정산 업무

여행 비용의 견적, 청구, 계산, 지불 등과 같은 정산과 관련된 제반 기능을 말한다.

3 여행업의 발전 과정 및 향후 전망

❶ 여행업의 등장 배경

18세기 산업혁명이 본격적으로 시작된 이후, 생산 수단의 발달은 근대 문명의 획기적 전환을 가져왔다. 경제 발전과 더불어 생활 수준이 향상되고 이로 인하여 여가 시간이 증대되었으며, 개인의 가처분 소득의 증가, 교통수단의 발달로 시간적·심리적 거리가 단축되고 더불어 숙박 시설이 향상됨에 따라 여행 인구가 자연스럽게 증가되었다.

여가 시간이란 생활 전체 시간 속에서 생활 필수 시간과 노동 시간 그리고 노동 부속 시간을 뺀 나머지 시간을 말한다. 따라서 여가란 아무 의미 없이 소비해 버리는 여유 시간이라기보다는 내일의 재창조와 재생산을 위한 전환의 계기이며, 노동에서 얻을 수 없는 인간성의 발견이나 자존감을 높이는 수단으로서 인간의 생존이나 보람 있는 생활을 하는데 없어서는 안 될 중요한 요소인 것이다. 또한 경제적인 여유가 생기면서 생활 의식이 전환되어 인간의 생활을 윤택하게 하는 방법의 하나로 여행이 증가하게 되었고, 국민의 생활 가운데 정착하게 되었다. 이에 따라 여행의 수요 증대와 이에 대비한 관광 시설의 확충으로 여행객(traveler)과 여행 관련 시설업자(principle) 간의 편의와 이용도를 높이기 위한 매체의 필요성이 자연 발생적으로 대두하게 되었다. 즉, 복잡한 산업 사회에서 여행객과 여행 관련 시설업자가 직접 연결된다는 것이 쉽지 않으므로 그 불편함을 덜어주고 중개해 주는 매체가 바로 여행업인 것이다.

여행업의 중요성은 여행객의 시간을 보다 효율적으로 활용할 수 있게 해주는 데 있다. 따라서 여유 있는 시간을 어떻게 유용하게 활용할 수 있게 할 것인가 하는 사회적 요청에 여행업이 존재하는 의의가 있다.

2 여행업의 발전 과정

1) 해외 여행업의 발전 과정

근대적 의미의 여행업은 사실상 산업혁명이 시작되면서 발전하게 된다. 여행업이 언제부터 시작되었는가에 대한 견해는 아직 확실한 정설이 없다. 다만 중세에 마르세이유 지방에서 사람들이 성지 순례를 할 때 여행 알선 업무가 시작되었다는 설도 있고, 14~15세기경 베니스에서 종교 단체가 순례자들을 선박으로 운송한 것이 여행업의 효시였다는 설도 있다. 그러나 근대 여행업의 아버지로 불리고 있는 토마스 쿡(Thomas Cook, 1808~1892)이 1841년 1,570명의 금주 운동가를 중심으로 단체를 구성하여 실시한 것이 여행업의 시초로 받아들여지고 있다. 토마스 쿡이 여행업에서 이룩한 실적을 간략히 요약하면 [표 2-1]과 같다.

토마스 쿡의 성공 배경에는 패키지 투어, 여행 가이드북, 대규모의 여행단 구성으로 인한 저렴한 요금료, 호텔 쿠폰 발행, 여행 티켓 개발과 같은 탁월한 기획력 및 적극적인 판촉이 있었다.

한편, 미국에서는 1850년에 아메리칸 익스프레스사가 설립되어 화물과 우편 중심의 업무를 시작하게 된다. 1881년에는 여행업에 진출하였고, 여행 비용을 분할·지불하는 신용 판매 제도를 도입함으로써 새로운 여행 시장의 개발과 확대에 큰 일익을 담당하였다. 또한 아메리칸 익스프레스사의 회장이었던 윌리엄 파고가 유럽 여행 중 여행 경비를 현금으로 지불하는 것에 불편함을 느껴 고안한 아멕스 여행자 수표는 1891년부터 1901년까지 당시로서는 막대한 금액인 6백만 달러 이상의 수익을 달성하였다.

현재는 은행·보험·카드 등으로 사업 범위가 확대되어 전 세계에 1,000여 개의 영업소가 있어 규모 면에서 세계 1위를 차지하고 있다. 미국은 현재 약 16,400개의 여행사가 영업 중이며, 영국은 영국여행협회에 가입한 여행사의 수가 약 7,400개에 이르고 있다. 프랑스는 약 5,000여 개의 여행사가 있으며, 특히 세계 2위에 속하는 바곤리(Wagon-lits) 여행사는 전 세계에 1,900여 개의 영업망을 확보하고 있다. 한편, 일본에서는 약 11,000개의 여행업체가 영업 중에 있으며, 일본 최대 여행사인 JTB의 경우 일본 전역에 300개의 지점과 해외에 75개의 지점을 개설하고 약 2만 명의 직원들이 근무하고 있다.

표 2-1_ 토마스 쿡의 실적

연 도	실 적
1841년	• 500명의 사람들을 금주 모임에 참석시키기 위해 철도 여행 기획 • 철도 전세를 통한 할인 운임 적용 • 여행사 설립: Thomas Cook
1851년	• 런던 대박람회에 165,000명의 참관인 모집 및 송객 • 미들랜드 철도 회사와 업무 제휴
1862년	• 단체 여행객을 위한 호텔 투숙 상품 개발 • 수송과 숙박을 묶은 시스템화된 여행 상품 운용
1872년	• 기선을 이용한 세계 일주 관광단 모집 • 222일간의 세계 일주 여행 성공
기타	• 성지 순례 여행 • 이집트의 피라미드 여행 • 독일의 라인강변 여행 등 성공
업적	• 탁월한 기획력 • 저렴한 가격 • 적극적인 광고 선전 활동 • 안내원 동반

2) 국내 여행업의 발전 과정

국내의 여행업은 자체적으로 시작된 것이 아니라 일본에 의해 시작되었다. 1912년에 일본교통공사(JTB)의 조선 지부가 경성에 설립되어 자국민의 편의 제공, 이민 업무 처리, 식민지화하는 데 필요한 업무를 진행하였다. 이를 위해 조선총독부 내에 사무소를 설치하면서 평양, 부산, 군산 등에 사무소를 개설하고 여행 안내와 철도 승차권을 판매하였다.

1945년 해방 후, 10월에 조선여행사로 개편되었으며, 이후 1949년에 대한여행사로 이름을 바꾸게 된다. 1963년에는 한국관광공사에 흡수·합병되어 운영되다가 1973년에 민영화되어 현재의 대한여행사로 운영되고 있다. 1947년에는 ㈜천우사가 항공 여행부를 발족하였으며, 동년에 최초의 외래 단체 여행객인 RAS(Royal Asiatic Society)가 방문하여 국내 여행을 하였다. 그러나 6·25 전란 동안, 여행업이 중단되었다가 1960년에 세방여행사가 설립되어 영업에 들어가게 된다.

표 2-2_ 2023년 여행업 등록 현황

구분		서울	경기	부산	대구	인천	광주	대전	울산	세종	강원	충북	충남	전북	전남	경북	경남	제주	23년 1분기	전년동기대비		23년 1분기	전분기대비	
																				22년 1분기	증감		22년 4분기	증감
여행업	종합 여행업	4,128	949	373	176	246	146	115	63	23	136	91	60	150	118	97	157	354	7,382	6,026	1,356	7,382	6,953	429
	국내외 여행업	3,464	1,452	766	429	251	297	256	133	41	232	227	283	386	347	342	450	159	9,515	8,871	644	9,515	9,115	400
	국내 여행업	832	643	315	134	146	101	93	33	25	212	98	174	291	306	201	177	566	4,347	5,300	-953	4,347	4,330	17
소계		8,424	3,044	1,454	739	643	544	464	229	89	580	416	517	827	771	640	784	1,079	21,244	20,197	1,047	21,244	20,398	846

그 후, 국가의 법적·제도적 정비가 서서히 시작되면서 우리나라 여행업의 발전을 위한 토대가 마련되게 된다. 법적·제도적 정비의 일환으로 1962년에 통역 안내원 제도가 도입되고, 1971년에는 여행업이 허가제로 전환되었다. 1982년에 다시 허가제가 등록제로 전환되면서 현재에 이르고 있다. 또한 1989년 전 국민 해외여행 자유화 조치가 실시된 후, 해외여행 완전 자유화 조치 및 자본주의의 시장 경제 원리에 입각한 제도의 운영으로 여행사의 수가 급증하여 극심한 경쟁 시대를 맞이

하고 있다. 1990년대 중반 이후는 일반인, 신혼 여행객 등 해외여행뿐만 아니라 대학생들의 배낭여행을 시발로 중장년층의 배낭여행 등 다양한 형태의 여행이 각광을 받기 시작하고 있다. 현재 국내의 여행업체 수는 2012년 12월 기준 15,152개에 이르고 있다.

🏛 **표 2-3_** 사회·문화적 특성에 따른 국내 여행업의 발전 단계

발전 단계	주요 특성	개발 환경	주요 업체
도입 단계 1950~70	• 전세버스의 면허 발급 • 국내 관광 중심의 업체가 생성 • 주로 항공권과 철도 승차권 예매 업무 • 소수의 외래 여행객 중심으로 한국의 관광지 방문	• 광복과 전후 근대화 운동 • 급속한 사회 경제적 변화 • 1961년 관광진흥법 제정	• (주)천우사 • 대한여행사 • 세방여행사 • 한진관광 • 고려여행사 • 대한통운여행사
도입 단계 1970~80 년대 말	• 국내 관광 활성화 • 공급보다 수요 급증 • 국내 관광지의 시설 중심 개발 • 대규모 여행사의 시장 진출	• 1971년 등록제에서 허가제로 변경 • 1982년 허가제에서 등록제로 변경 • 1988년 올림픽 개최 • 1989년 해외여행 자유화 조치 시행	• 아주관광 • 세방여행사 • 대한여행사 • 한진관광 • 고려여행사
1990년대 초부터 성숙기	• 해외여행객의 급속한 증가 • 전세기를 이용한 패키지 상품 등장, 신문/TV를 통한 대량 광고 • 여행업의 기능 분화 추진, IMF 체제하의 여행업 불황 • 시장 수요 및 공급 구조의 변화 • 여행업의 세분화	• 국제화로 인한 가치 체계 변화 • 1993년 기획 여행 신고제 • 지방자치제 실시 • 외국계 여행사 진출 • 1990년대 말 경제 위기	• 온누리여행사 • 아주관광 • 코오롱여행사 • 씨에스프랑스 • 롯데관광
대량 소비의 미래 단계	• 여행 시장의 변화(홀세일러 여행사, 온라인여행사 등의 시장 장악) • 공동 마케팅 증가(여행사, 항공사들과의 연합상품 출시) • 다양한 분야에서 여행 시장 진출 가속	• 주 5일 근무로 여가 시간 증대 • 여행 정보 시스템의 발전과 다각화 • 고객 만족 추구, 삶의 질 향상에 관심	• 하나투어 • 모두투어 • 롯데관광개발 • 롯데JTB

③ 여행업 수요의 증가 요인

1) 생활 수준 향상

산업 기술의 발달과 기계화를 통한 대량 생산 및 대량 소비를 통해 경제가 점차 확대·발전하면서 각국의 국민 소득이 향상되었고, 이에 따라 개인의 가처분 소득도 증대되었다. 또한 경제적 생활 수준의 향상과 함께 의식주 비용에 비해 문화 생활에 드는 비용이

증가하였으며, 특히 여행 비용의 증가가 현저하게 나타났다.

2) 여가 시간 증대

과학 기술이 발달하고 기계 문명이 향상되어 이것이 인간 생활과 생산 활동에 널리 보급되면 인적 노동력은 점차 감소하게 된다. 그것은 산업 기계의 혁신에 따른 공장 작업 과정의 자동화로 나타나게 되고, 또한 컴퓨터 보급에 따른 사무 자동화가 추진되는 양상으로 변화한다.

이와 같은 생산 체계의 자동화, 영농의 기계화, 가전 제품의 발달과 보급, 사무 자동화 등이 이루어짐으로써 근로 시간이 단축되고, 현대인은 점점 많은 여가 시간을 갖게 된다. 따라서 선진 국가의 국민들은 여가 욕구를 건전한 오락과 휴식 생활로 자기 개발의 계기로 삼고자 여행을 추구하려는 경향을 강하게 나타내고 있다.

3) 교통 운송 수단 발달

제2차 세계 대전 이후, 첨단 산업 기술의 발달은 항공기의 거리와 공간을 축소, 대형화시킴으로서 항공기가 최적의 교통 운송 수단으로 등장했다.

항공기의 고속화는 시간 절약을 가져왔으며, 쾌적성을 높이기 위해 기내 시설과 서비스에 최선을 다해 여행객의 요구에 부응하였으며, 항공기의 대형화로 대량 운송에 의한 운임의 저렴화가 가능해져 여행객들의 해외 여행 욕구를 자극시키게 되었다.

철도 여행 또한 유럽이나 미국·일본 등에서 장거리 여행에 적합한 교통 운송 수단으로 자리 잡았다. 이미 유레일패스는 유럽 대륙을 여행하는 여행객들에게, 특히 외국인들에게 인기 있는 대중교통 수단으로 이용되고 있다. 또한 최근에는 유람선 관광이 세계적으로 각광을 받고 있어 머지않아 호화 유람선으로 세계 일주 여행을 하는 여행객들이 매년 증가할 것으로 예상되고 있다.

4) 여행객 계층 확대

의료 기술의 발달로 인간의 평균 수명이 길어져 고령화 사회가 되어가고, 사회 복지 제도의 확립으로 연금 생활자들이 늘어가고 있다. 여성들이 해방되어 사회 참여의 기회가

넓어지고 여성들의 사회적인 지위가 향상되므로서 여행이 크게 증가하고 있다. 특히 골드미스로 대표되는 경제력을 갖춘 여성 시장의 증가로 인해 이들 시장을 선점하기 위한 여행사들의 경쟁이 치열하게 전개되고 있다. 또한 청소년들의 수학여행·견학 등 여행객 계층이 점차 확대되고 있다.

5) 교육 수준 향상

우리는 지금 평생 교육의 시대에 살고 있다. 교육 수준이 향상되고 국민 소득이 증가하면 인간은 부로부터 얻게 되는 만족에만 그치지 않고 간접적으로 알고 있는 지식을 직접 현장으로 가 확인하고자 하는 욕구가 강하게 발현된다. 이러한 욕구는 사회적 욕구로서 국내보다는 해외여행을 선호하는 경향으로 이어져 세계 각국을 여행하는 민간외교 사절로서의 일익을 담당할 수 있게 된다. 결국 교육 수준의 향상은 해외여행에 대한 욕구를 자극시키는 하나의 원동력이 되고 있다.

6) 세계 교역 증대

국가 간에 교역량이 확대되면 인적 교류의 증가를 가져오게 된다. 자원과 기술에 관한 상호 교환 및 이해를 증진시키기 위해서는 국가 간의 무역 거래가 필수적인 것이다.

또한 세계 무역의 활성화는 여행객에게 있어서 큰 부분을 차지하고 있는 많은 비즈니스 여행객을 만들어내는 요인으로 작용하게 된다.

4 여행 시장의 변화와 여행업

1) 여행 시장의 변화

❶ FIT(Foreign Independent Tour) 시장의 성장

일반적으로 '개별 여행'을 FIT와 같은 개념으로 받아들이고 있는데, 사전적 정의는 이와는 다르다. 사전상의 FIT는 '개인 여행'으로 해석된다. 개인 여행은 단체 여행의 반대 개념으로 이해하면 된다. 개인 여행의 가장 두드러진 특징은 개인 혹은 친구나 가족 등 2~3

명 규모의 소그룹이 자신들의 기호와 취향을 적극 반영해 즐기는 여행 형태라는 점이다. 여행업계에서는 단체 혹은 그룹과 대비되는 개념으로 사용하거나 인원수가 많더라도 자유 일정을 즐기는 여행객을 일컫는 용어로 사용하고 있다.

FIT는 패키지 여행처럼 여행사가 마련한 현지 여정을 따르지 않고 자신들이 직접 결정해 움직이기 때문에 자유롭게 여정을 즐길 수 있으며, 투어 에스코트의 서비스가 수반되지 않는 것이 일반적이다. 이런 점에서 개인 여행은 여러 사람들이 가이드 인솔 아래 미리 정해진 여정을 즐기는 패키지 여행과는 분명한 차이를 보인다. 과거에는 해외여행에 한해 FIT 개념을 사용했지만 현재는 국내, 해외 구분 없이 사용되고 있는 추세이다.

이에 비해 여행업계 종사자들이 일반적으로 FIT와 동격으로 사용하고 있는 개별 여행이라는 명칭의 영문 표현은 'DIY(Do It Yourself) 여행'으로 풀이된다. 사전적 의미의 개별 여행은 여행객이 항공권과 숙박 장소 등을 사전에 결정한 뒤, 나머지 여정까지 스스로 세우고 꾸며나가는 여행 형태를 말한다. 한마디로 여행객 스스로 상품을 기획하고 수배해 즐기는 여행이라고 보면 된다. 여행사가 개입할 여지가 전혀 없는 여행 형태인 셈이다.

일반적으로 FIT라 불리는 개별 또는 개인 여행객은 순수하게 고객의 측면에서는 가장 이상적인 형태의 여행 패턴이라 할 수 있다. 대치되는 개념의 패키지가 여행객 개개인의 취향과 관심, 기타 사항을 고려하지 않고 미리 준비된 형태로서 불개성화된 상품이라고 할 수 있는데, 개별 여행 상품은 여행객 스스로의 의지가 상당 부분 반영될 수 있기에 여행객과의 커뮤니케이션이 원활하게 이루어진다면 이것을 취급하는 여행사의 입장에서도 그만큼 고객의 만족도를 높일 수 있으므로 상품화의 가치가 충분한 프로그램이다.

이와 관련하여 최근 과당 경쟁으로 인하여 상대적으로 패키지 상품의 수익률이 점차 하락하고 있지만, 서비스에 대한 정당한 대가를 요구할 수 있는 개별 여행 상품의 수익률은 그에 상응하는 서비스를 제공하기 때문에 적정 수익이 보장되는 장점이 있다.

❷ 여성·실버 시장의 급성장

근로 여성의 증가에 따라 여성들의 소비 능력이 증대되고 독신 여성의 증가, 만혼 및 출산 감소 등으로 여성들의 여행 수요가 급증하고 있는데, 이러한 현상은 향후 더욱 가속화될 것으로 보인다.

또한 과학 및 의료 기술의 발달로 인한 평균 수명의 연장, 자연 출생률의 감소로 인한

노령화 사회로의 진전, 복지 체계의 향상 등은 실버 계층의 여행에 대한 관심과 수요를 증대시켜 향후 주요 시장으로 자리매김하게 될 것이다.

❸ 주문에 의한 기획 상품

다양한 고객의 욕구를 충족시키지 못하는 종래의 획일적인 패키지 판매 방식에서 개별 고객의 주문에 맞춘 기획 여행이 확대될 것이다. 주문형 맞춤 여행 상품은 특정 지역을 방문하는 여행객들의 내재된 욕구 만족은 물론, 특정 관심 분야 여행 등 차별화된 여행 서비스를 제공함으로써 고객층을 확대해 갈 것으로 예측되고 있다.

❹ 소비자 욕구의 변화

소비자 욕구는 더욱 다양화·전문화·세분화될 것으로 보인다. 특히 환경에 대한 관심 고조로 인해 자연 및 환경 친화적 여행 욕구가 증가될 것으로 보이며, 세계화의 진전으로 국가 간 문화 교류가 활발히 진행됨에 따라 역사 및 문화에 대한 관심이 고조될 것으로 보인다. 또한 수동적인 '보는 관광'에서 능동적인 '체험·참여형' 관광으로 관광 행태의 변화가 더욱 촉진될 것으로 보인다. 이밖에도 건강에 대한 관심 증가로 인한 힐링 여행, 정보화의 진전 및 인터넷 이용의 확산에 따른 사이버 여행, 가상 여행 등 첨단 여행 상품에 대한 수요도 지속적으로 증가할 것으로 보인다. 한편, 기존의 패키지 여행이 일정한 범위의 가격대에서 형성된 반면, 향후 고품격 여행 수요 증가와 함께 저렴한 항공권과 숙박권만을 구입하는 이중적 행태가 발생하는 등 여행 시장의 가격 세분화가 이루어질 전망이다.

2) 공급자와의 관계 변화

❶ 소비자와 공급자(호텔, 항공사)와의 직접 거래 증가

공급자들과의 관계에 있어서 여행업의 가장 큰 위협은 항공사·호텔 등 공급자들과 소비자의 직접 거래가 증가하고 있다는 것이다. 인터넷 등 정보 기술의 급속한 성장은 직접 거래를 가속화시키는 요인이 되고 있다. 이미 신라, 하얏트, 노보텔앰배서더, 웨스틴조선, 힐튼호텔 등 국내 대부분의 특급 호텔들이 인터넷 홈페이지를 개설해 예약을 받고 있으

며, 대한항공과 아시아나항공은 인터넷을 통해 항공 예약뿐만 아니라 제반 여행 정보를
제공하는 정보 라인을 개설·운영하면서 소비자와의 직접 거래를 증가시키고 있다.

❷ 항공권 판매 방식의 다양화 및 직판 증가

최근 유럽을 비롯한 세계 각국의 대형 항공사들은 여행사를 통한 항공권 판매 비율을
대폭 감소시키고, 수수료율도 인하하는 한편, 인터넷 웹사이트를 통한 항공권 직판 비율
을 확대해 나가고 있다. 또한 항공권 자동 판매기, CD기를 통한 항공권 판매, 편의점의
항공권 판매 대리점화 등 항공권 판매 방식을 다양화하고 있어 기존 여행 시장의 잠식을
예고하고 있다.

❸ 항공사, 호텔의 여행 상품 판매 및 여행 서비스 강화

최근 노스웨스트항공, 델타항공, 필리핀항공 등 외국의 주요 항공사들이 현지 여행업
자와 공동으로 패키지 상품을 앞다투어 내놓고 있다. 항공 사간 경쟁이 치열해짐에 따라
직접 여행 상품을 개발·판매할 뿐 아니라 총판 대리점이나 지정 여행사를 통해 소비자를
모집하는 형태도 증가하고 있다. 또한 영국, 콴타스, 뉴질랜드, 싱가포르항공 등은 항공
권을 개인적으로 구입할 경우 호텔·차량·시내 관광을 묶어서 판매함으로써 기존 여행사
의 영업 범위를 크게 위협하고 있다. 따라서 현재 평균 60%에 달하는 여행사를 통한 항공
사 선택률 및 50%에 달하는 여행사를 통한 호텔 예약률 등 여행업이 관련 산업에 미치는
영향력이 향후 감소될 가능성이 높다.

3) 여행업계의 변화

❶ 새로운 업종의 탄생

정보화의 진전 및 소비자의 기호 변화 등으로 인해 기존의 패키지 여행사 중심의 업계
가 다변화될 것으로 보인다. 즉, 예약 전문 여행사, 항공 발권, 전문 여행사 등 기능별 업종
의 분화가 이루어질 전망이며, 인터넷 이용의 확산에 따라 온라인 여행사도 증가할 것이
다. 또한 개성 있고, 독특한 여행 체험을 기대하는 소비자의 증가로 인해 상품 기획 전문
여행사 등이 출현할 것으로 보이며, 여행 컨설팅 업체, 여행사 전문 인력 양성 기관 등 업
종의 전문화 및 관련 지원 업종의 출현도 기대된다.

❷ 다양한 주체의 시장 진입

여행 산업이 21세기 유망 산업으로의 성장이 예상되면서 시장 진입이 비교적 용이하고, 아이디어 집약적인 여행업의 특성상 다양한 주체의 시장 진입이 촉진될 것으로 보인다. 국내의 경우 이미 백화점, 의류업체, 언론사 등이 여행업에 진출하여 참신한 상품 기획과 마케팅 전략으로 새로운 시장을 주도하고 있다. 이밖에도 개인의 능력과 자산을 담보로 한 소규모의 벤처 기업이 활성화될 것으로 예상되는 등 다종다양한 업체의 각축전이 예측된다.

❸ 여행 상품의 다변화

여행 상품의 세분화·전문화로 인한 여행 상품의 다변화가 촉진될 것으로 예측되고 있다. 점차 여행 형태가 주유형에서 체류형으로 변화되고 가족 중심의 여가 문화가 정착됨에 따라 소규모 맞춤 여행이 보편화될 것으로 보이며, 학습·건강·문화·교양을 중시하는 여행 패턴의 보편화로 인해 테마 답사 여행, 문화·역사 여행, 보양 관광 등이 각광받게 될 것이다. 또한 여행 및 실버 계층이 주 관광층으로 부상함에 따라 여성 전문 상품, 실버 여행 상품 등이 증가할 것으로 보이며, 특히 특화 상품(SST: Specialty Seeking Tourism), 특별 관심 관광(SIT: Special Interest Tourism), 모험 관광(Adventure Tourism) 등 젊은층을 중심으로 전문적이고 특별한 경험을 추구하는 주제형·체험형 여행 상품의 등장과 함께 숙박·식사·관광 등을 부분적으로 소비자 욕구에 맞추는 조립형 패키지 상품 등 패키지 여행 상품의 탄력적 운용이 예측된다.

❹ 공동 여행 상품 개발

사회 환경이 급격하게 변하고 있는 것과 마찬가지로 여행업을 둘러싼 기업 환경 또한 급격히 변하고 있다. 지난 200년 동안 사람들은 가장 단순하고 기본적인 작업으로 업무가 나누어져야 한다는 애덤 스미스(Adam Smith)의 이론을 토대로 기업을 설립했다. 그러나 후기 산업 사회로 접어들고 있는 현시점에서의 기업은 틀에 박힌 사고방식에서 벗어나 경쟁 환경에서 탄력적으로 기업의 조직과 핵심 역량을 재구성할 수 있는 능력을 요구하고 있다.

특히 여행업계는 공동 여행 상품에 대한 관심 고조에 따라 다양한 형태의 컨소시엄이 활발히 진행되고 있다. 컨소시엄이란 기업의 전략적 제휴를 의미하며, 새로운 사업을 위해 둘 이상의 기업이 비용·위험·수익을 공유하기로 하는 합의를 의미한다. 현재 국내의 여행업계는 과당 경쟁 및 저마진 구조 등의 부정적 요인에 영향을 받아 산업 전반에 걸쳐 경영상의 위기를 맞고 있다.

이러한 상황에서 여행업계의 공동 여행 상품 개발은 항공사와의 관계 개선을 꾀할 수 있는 효과를 기대할 수 있다. 대기업인 항공사와 소기업인 여행사 간의 거래에서 여행사는 항공사의 압력에 종종 피해를 보고 있는 실정이다. 하지만 이와 같은 컨소시엄의 발전은 소기업인 여행사들의 연합을 통해 항공사와 대등한 거래 관계를 정립할 수 있는 근거를 마련해 줄 수 있다. 또한 연합 상품은 출발 보장 및 여행 상품에 대한 고객의 신뢰도를 향상시켜 고객의 여행 상품에 대한 충성도를 제고하는 효과를 거둘 수 있다.

❺ 온라인 여행업의 성장

온라인(on-line) 여행 시장은 전 세계적으로 여행 시장이 침체된 가운데 괄목할 만한 성장세를 보이고 있다. 이제까지의 추세와는 달리 온라인 시장에서 항공 여행이 차지하는 비율이 감소하고, 호텔·렌터카·유람선 등 여타 여행 부문의 온라인 예약 비중이 늘어날 것으로 전망되고 있다. 이와 함께 주요 항공사와 온라인 여행사 간 주도권 경쟁이 본격화되고, 항공사들이 인터넷을 통해 비행기 탑승권, 호텔, 자동차 렌탈 등의 예약 업무는 물론, 여행에 필요한 정보를 종합적으로 제공하는 여행 웹사이트를 통해 온라인 여행사업에 본격적으로 진출함으로써 Travelocity, Priceline으로 대변되는 인터넷 여행 시장을 포함한 사이버 공간에서의 여행 시장을 선점하기 위한 경쟁은 한층 치열해지고 있다.

이와 같은 인터넷 비즈니스의 활성화에서 국내 여행업계도 자유로운 입장에 놓여 있지 못하다. 수많은 온라인 여행사가 탄생하고 있고, 기존의 여행사들도 경쟁적으로 홈페이지를 제작하거나 더 나아가 온라인 여행업으로의 진출을 이미 시도하였거나 혹은 계획하고 있다. 따라서 아직 온라인 시장에 진출하지 않은 여행사들은 빠른 성장 속도를 보이는 환경하에서 온라인으로의 진출을 언제 시도해야 하며, 진출 시 어떤 전략을 사용해야 할 것인가에 매우 고심하게 된다.

온라인을 통한 여행 상품의 판매는 고객이 풍부한 자료를 손쉽게 구할 수 있도록 하

며, 상품의 구매를 위하여 여행사를 직접 방문해야 하는 번거로움을 제거해 준다. 또한 여행사의 입장에서는 이전에 비하여 적은 인원으로 더 많은 고객을 상대할 수 있어 인적 자원의 효율적인 배치와 활용이 가능해진다는 장점을 가지고 있다.

그러나 온라인 여행 산업의 성장 속도가 빠르게 증가하고 있음에도 불구하고, 오프라인 여행 기업들은 온라인으로의 진출에 다소 고심하고 있는 것이 사실이다. 이는 현재 운영되고 있는 대부분의 온라인 여행사들이 겪고 있는 어려움과 더불어 아직 온라인 여행 시장에서의 게임의 룰이 확정되지 않았다는 점, 그리고 궁극적인 시장 구조 및 온라인 여행 산업의 진화 방향에 대해 확신이 서지 않기 때문이다. 이러한 상황은 온라인 여행 시장의 구조와 특징을 이해하지 못하고 차별화된 전략 없이 사이트를 개설하는 우리나라 온라인 여행사들에게 많은 것을 시사하고 있다.

❻ 외국계 대형 여행사의 국내 진출

최근 들어, 유럽과 미국 등 외국계 대형 여행사들의 국내 진출 움직임이 보다 활발해지고 있다. 걸리버와 쿠오니 등이 한국 시장에 정착한 이후, 유럽계에서는 스페인에 본사를 둔 콘도르 버케이션, 북유럽을 기반으로 한 툼라레, 프랑스의 와곤리 등이 들어왔고, 2007년 롯데그룹과 일본의 JTB가 공동 설립한 롯데JTB가 활발하게 영업을 하고 있다.

이들 외국계 대형 여행사들의 한국 진출은 한국의 아웃바운드 시장이 성장하기 시작한 1990년대 중반부터 예견돼 왔던 것으로, 지난 2000년 1월 1일부터 외국 업체가 한국에 들어와서 직접 영업할 수 있도록 여행 시장이 개방되자 더욱 활발히 진행되고 있다. 더욱 관심이 쏟아지는 것은 수십 년의 역사 속에서 쌓은 노하우와 전문성, 물적·인적 자원을 바탕으로 한국의 기존 영업 관행에 변화를 불러일으키고 있다는 점과 나아가 유럽 관광객을 한국으로 보내는 한국 인바운드 비즈니스와 아시아 자체 상품 확대 개발, 유럽 이외 지역에 대한 관광객 송출 확대 등을 염두에 두고 있다는 점이다.

5 여행업의 발전 전략

1) 전문화

개별 여행의 성장에 따라 전문성이 높은 소규모 업체들이 업계를 주도해 나갈 것으로 보인다. 이에 따라 여행업의 전문화가 향후 여행업계의 판도를 결정하는 주요 변수가 될 것이다. 이에 대한 대응 방안으로는 지역별·주체별·주제별 특화 및 기획·상담 전문 인력의 양성을 통한 전문성 제고가 시급하다. 또한 도소매의 기능별 분리를 통한 업무 영역의 전문화가 요청되며, 근대적 경영 방식에서 벗어나 시장 조사를 통한 합리적인 마케팅 전략 수립과 같은 경영 합리화가 시급하다. 이와 관련된 연구 기능의 강화도 전문성 강화의 전제 조건이 될 것이다.

2) 대형화

중소 규모 여행사들을 중심으로 컨소시엄 구성 등 전략적 제휴를 통한 대형화가 요청된다. 전략적 제휴는 단순한 업무 협조의 범위를 넘어 상승 효과를 높이기 위한 업무의 제휴를 말하는 것으로, 복수의 여행업체가 영업상의 비용·위험·수익을 공유함으로써 규모의 경제로 인한 가격 경쟁력 향상을 꾀하고, 외국의 대형 여행업체의 진출에도 효과적으로 대비할 수 있는 장점이 있다. 이미 제조업·호텔 등에서는 전략적 제휴를 통한 유통망 공유, 공동 상품 기획 및 마케팅 등으로 상당한 경영 효율화를 달성하고 있다. 또한 전략적 제휴를 통해 중소 규모 여행사의 경쟁력을 향상시키고 항공사·호텔 등 공급업자에 대한 대응 능력을 향상시킬 수 있을 뿐 아니라 여행업의 전문화를 촉진하는 등의 부수적 효과도 기대된다.

3) 정보화

인터넷을 통한 여행 시장의 점유율은 2006년도의 7.3%에서 2010년도에는 37.1%로 급성장할 것으로 예상되고 있다. 따라서 향후 여행업의 성공은 정보화에 대한 대응 능력에 달려 있다고 해도 과언이 아닐 것이다. 여행업의 정보화는 가상 여행, 사이버 여행 등 첨단 여행 형태의 출현뿐 아니라 온라인 여행사 등 새로운 업종을 출현시키고 있으며, 홍보·마

케팅·상품 판매 방식 등 영업 활동 전 과정에 획기적인 변화를 초래하고 있다.

이에 대한 대응 방안은 인터넷 홈페이지의 구축, 공중 통신망을 이용한 고객과의 직접 대화, SNS(Social Network Service)를 적극적으로 활용한 소비자 의견 조사 등으로 이를 통해 시장 조사의 효율성을 높일 수 있다. 또한 각종 수배 업무와 현지 공급자와의 연락 및 거래 방식도 컴퓨터 통신망을 통할 경우 상당한 인력 및 경비의 절감을 이룰 수 있다. 이 밖에도 홍보, 마케팅, 예약 및 상품 판매, 사후 관리 등의 전 과정에 컴퓨터 통신망을 이용할 경우 상당한 경영 효율화를 이룰 수 있다.

4) 대고객 서비스 강화

양적 관광에서 질적 관광, 주류형 관광에서 체류형 관광, 단체관광에서 개별관광 등으로 관광 행태가 변화됨에 따라 점차 여행 경험의 질과 전 과정의 서비스가 여행업의 핵심 과제가 되고 있다. 이에 대한 대응 방안으로 보다 질적인 서비스 제공과 철저한 사후 고객 관리가 요청된다. 즉, 계약의 전 과정을 총괄 책임지고 사후 고객의 불만 처리까지 담당하는 전문적 고객 관리 제도의 도입 및 상품기획에 있어서도 차별화된 서비스를 통한 고객 만족의 극대화가 요구된다. 최근 국내 대형 여행업체를 중심으로 서비스 보증 제도 및 마일리지 제도 등이 도입되고 있는데, 이러한 제도는 표준 약관의 정비 및 소비자 보호 체계의 강화 등과 함께 향후 보다 강화되어야 할 여행업의 당면 과제이다.

Chapter 03

여행 상품 이해

1. 여행 상품의 개념

03
여행 상품 이해

1 여행 상품의 개념

1 여행 상품의 정의

여행 상품은 관광 서비스 상품의 한 종류로서 여행사에서 판매하는 모든 상품을 의미한다. 여행 상품에 대한 정의와 특성을 살펴보는 것은 여행사에 대한 이해의 증진 차원에서 매우 중요하다. 기업에서 생산하는 상품과는 다른 여러 가지 특성을 가진 여행 상품은 넓은 의미의 개념과 좁은 의미의 개념으로 나눌 수 있다.

유엔세계관광기구(UNWTO)에 의하면 여행 상품은 '여행 목적지, 숙박, 보조 서비스와 관광 매력을 결합시킨 것'으로 정의하고 있다. 이것은 넓은 의미의 개념이다. 좁은 의미의 여행 상품은 여행 공급업자로부터 공급받는 각각의 단일 상품(항공, 호텔, 현지 교통, 현지 투어)을 여행사의 아이디어를 통해 결합하여 판매하는 상품으로 기획 여행 상품 또는 패키지 상품이라고 한다.

여행 상품이란 '여행업자가 생산하는 모든 재화와 서비스를 말하며 여행객이 일정한 장소나 목적지에서 여행을 즐길 수 있도록 여행사가 만드는 여행 코스와 일정'이라고 할 수 있다.

② 여행 상품의 특성

여행 상품은 일반적으로 기업에서 판매하는 유형의 상품과는 다른 몇 가지 특성을 가지고 있다. 타 상품과는 달리 시간의 경과에 따라 가치가 없어지는 시간형의 특성을 가지고 있으며 무형적이다. 일반 상품과는 달리 생산과 소비 과정이 동시에 이루어진다는 계절 집중성과 저장 불가능성이라는 특징을 갖고 있어 타 상품 판매와 다른 차이점을 보여주고 있다.

1) 무형성(Intangibility)

여행 상품은 눈에 보이지 않는 무형 상품으로 눈으로 보거나 손으로 만지거나 사전에 시험해 볼 수도 없다. 그렇기 때문에 여행 상품의 구매에 있어 여행사의 광고보다 사용 경험이 있는 다른 사람들의 입소문에 크게 비중을 두게 된다. 이러한 무형성의 특징 때문에 여행 상품의 판매에 어려움이 많다. 가장 보편적인 방법은 가격을 보고 선택하는 것이다. 이 선택은 여행지에서의 과다한 옵션 투어나 무리한 쇼핑의 강요 등의 문제를 초래할 수 있다. 또 다른 선택으로는 여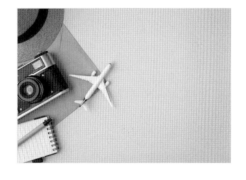행사의 규모를 보고 결정하는 방법이다. 대형 여행사라면 책임감이 있고 안전하게 행사를 진행할 것이라는 믿음이 있어 선택하는데, 이 역시 IMF 또는 코로나19로 인해 무더기 도산하는 것을 보면 현명한 방법이라고 할 수 없다. 여행 상품은 가격 또는 관여도가 높은 편이므로 상품 평가 시에 주변 지인들의 경험을 공유하는 것이 좋다. 하지만 현재는 소셜 미디어의 활성화로 인스타그램, 페이스북, 유튜브, 블로그 등의 SNS 리뷰를 많이 참고하기 때문에 무형성의 유형화를 위한 여행사의 SNS 채널 강화가 필요한 시기이다.

2) 소멸성(Perishability)

여행 상품은 일반 상품과는 달리 해당 시간이 경과되면 상품 가치가 소멸한다. 이러한 소멸성 때문에 항공 좌석이 비행기 출발 시간까지 판매되지 않거나 당일 호텔 객실이 판매되지 않으면 상품 판매 기회를 상실하고 소멸된다. 이러한 소멸성 때문에 여행 상품을 관리하는 직원들은 다소 무리하면서도 초과 예약(Over Booking)을 함으로써 소멸성을 최대한 줄이려고 노력한다. 이러한 소멸성을 극복하는 방안은 적절한 예약 시스템의 활용과 여행 프로모션을 실시하여 사전 예약 시 각종 혜택을 제공하는 방법, 할인 판매를 하여 소멸성에 대한 손실을 줄이는 것 등이 있다.

📷 **관광 가이드 서비스**

3) 생산과 소비의 동시성

여행 상품은 동일한 장소에서 생산되어 판매되고 소비된다. 항공 좌석, 호텔 객실과 같은 여행 소재를 여행객이 먼저 구매하고 여행과 동시에 소비한다. 생산에서 소비까지 시간적, 공간적 거리가 있는 일반 상품과는 다르다. 즉, 상품을 구매했다고 해서 곧바로 사용할 수 있는 것이 아니라 공항에서 출국 수속을 하면서 소비되는 것이다.

4) 모방성

여행사가 여행 상품을 신규 개발하여 패키지 상품을 내놓으면 다른 경쟁사에서도 곧바로 유사한 상품을 모방하여 여행 상품을 출시한다. 즉, 패키지 여행 상품은 모방이 용

📷 출국 수속

이하여 독창성을 발휘하기 힘든 상품이다. 매년 한국여행업협회(KATA)에서 우수 여행 상품 인증제를 시행하고 있지만 형식에 불과하며 다른 여행사에서 너무나 쉽게 빨리 카피(Copy)할 수 있는 구조적 문제를 안고 있다. 서비스는 무형 상품이기 때문에 특허를 쉽게 받을 수도 없어 우수한 여행 상품을 보호받을 수 있는 제도적 장치 마련이 시급하다.

5) 유사성

여행 상품을 제공하는 지상 수배업자, 즉 랜드사가 제한되어 있고, 많은 여행사와 복수로 거래하는 경우가 많아 타사 제품과 구별되는 상품을 만들기 어렵다. 여행 상품을 구성하는 항공 좌석이나 호텔 등급의 룸 타입, 식당의 선정 등이 거의 유사하기 때문에 여행 상품은 각 여행사마다 차별성을 두기 어렵다. 여행업자 관점에서 보면 특정 여행지의 경우 독점 노선의 항공기가 취항하고 숙박 시설이 제한되어 있다면 어떤 여행 상품을 개발하더라도 타 여행 상품과 거의 유사할 수밖에 없는 것이 현실이다. 그렇지만 동일한 여행 상품이지만 가이드와 같은 인적 서비스나 여행 준비 과정의 디테일한 부분이 차이가 날 수는 있다.

6) 수요의 계절성

여행 상품은 계절적 요인에 좌우되는 경향이 두드러진다. 주말이나 연휴 등 계절에 따라 성수기와 비수기로 구분된다. 여름방학과 휴가, 겨울방학, 명절 연휴, 대체 공휴일 등 관광객들이 많이 여행하는 기간은 성수기로 여행 상품 가격이 비싸고, 상대적으로 여행을

하지 않는 3월, 11월 등은 비수기라고 할 수 있다. 과거에는 성수기와 비수기가 뚜렷하게 구분되었지만 지금은 항공권을 저렴하게 구매하기가 힘들 뿐만 아니라 여행 수요가 복잡하고 다양하여 성수기와 비수기의 의미가 많이 퇴색되었다.

7) 유통의 용이성

물리적 이동이 이루어져야만 상품 전달이 되는 유형재와 달리 여행 상품은 상품 전달이 편리하다. 이티켓 (E-Ticket)의 사용으로 항공권의 전달 및 여행 상품 전달도 메일이나 팩스 또는 SNS로 주고받아 편리성을 더하고 있다. 이러한 상품 전달의 편리성은 시간 및 거리의 제약성을 극복하고 원거리 지역에서도 여행 상품의 판매가 가능하기 때문에 여행사와 여행객 모두에게 편리함을 가져다준다. 아울러 항공권, 호텔 숙박권(Voucher), 교통 패스 등의 다양한 여행 상품은 무형의 상품이기 때문에 고객에게 직접 전달할 필요가 없어 유통 비용을 절감할 수 있다.

한국여행업협회(KATA)

3 여행 상품의 구성 요소

여행 상품에서 가장 큰 비중을 차지하는 것은 항공과 숙박이다. 여행 상품의 구성 요소는 여행객을 만족시킬 수 있는 유무형의 상품으로써 상품의 판매 요금을 결정하는 중요한 요소이기도 하다. 그 주요 부분들은 고객이 관광하는 데 필요한 제반 시설로 이루어진다. 구성 요소에는 교통, 숙박, 음식, 쇼핑 등의 4요소와 부가적으로 목적지의 관광 대상

[국적기직항 탑승 + 홈쇼핑대박상품] 서유럽3~4국10일 [프랑스 + 스위스 + 이태리] + 영국까지!

| | 6월 | | 7월 | | 8월 | |

✓ 출발일자를 선택하여 원하시는 여행상품을 확인하세요.　　　※ 유류할증료가 포함된 상품 입니다.

일	월	화	수	목	금	토
						1
2	3	4	5	6 3,899,000원~	7 4,269,000원~	8
9 4,799,000원~	10	11 4,699,000원~	12 4,599,000원~	13	14 4,469,000원~	15
16 4,899,000원~	17	18 4,999,000원~	19	20 4,469,000원~	21 4,849,000원~	22
23 5,499,000원~	24	25 5,399,000원~	26 5,799,000원~	27 5,099,000원~	28 5,149,000원~	29 5,149,000원~
30 5,399,000원~	31					

• MD Pick　　이제는 서유럽이다! 유럽정통 멀티상품
• 단체설명　　다양한 일정과 루트의 3국, 4국상품

그림 3-5_ 성수기와 비수기 여행 상품 가격 비교

관광 자원, 안내원, 여행 수속 서비스, 여행자 보험 등이 있다.

1) 교통

　여행은 이동함으로써 시작되는 것이기 때문에 교통수단의 중요성은 두말할 필요도 없다. 교통수단이란 항공 운송, 육상 교통, 해상 교통 등 한 지점에서 다른 지점으로 이동시키는 모든 수단을 말하며 항공, 버스, 철도, 전용 차량, 크루즈, 유람선, 캠핑카, 랜터카, 자전거 등 다양한 운송 수단이 있다. 여행 상품 담당자가 관광 교통수단을 선정할 때는 안전성, 신뢰성, 정시성, 편의성, 이동성, 청결성 등을 고려해야 한다. 관광 목적지까지의 대표적인 항공 교통 수단은 대형 항공

사(FSC)와 저비용 항공사(LCC)로 구분되며, 현지 목적지의 전용 버스, 랜터카 등의 육상 교통과 크루즈, 여객선, 선박 등의 해상 교통 등으로 구분할 수 있다.

2) 숙박

당일 여행 상품을 제외한 모든 여행 상품은 숙박 시설을 이용해야 한다. 숙박이란 호텔, 리조트, 민박, 게스트 하우스 등에서 잠을 자고 머무르는 행위를 말한다. 하루 이상 집을 떠나 여행하는 사람들은 수면, 휴식, 음식, 안전 그리고 추운 기온이나 비를 피하기 위한 주거 공간, 짐의 보관, 일반 가정으로서의 기능이 필요하며 그에 따른 접근이 필요하다.

숙박 시설에는 호텔, 리조트, 복합 리조트(IR), 민박, 게스트 하우스, 모텔, 호스텔, 콘도, 크루즈, 여객선(페리), 캠핑 등 다양한 시설이 있다. 국외 여행 상품의 경우 많은 관광객이 호텔을 주로 이용하는데, 위치, 등급, 브랜드, 객실, 식음료, 수영장, 휘트니스, 객실 방향, 수하물 처리 서비스 등 항공과 함께 여행 시 가장 중요한 부분이 호텔이기 때문에 숙박 선정 시 심사숙고해야 한다.

📷 항공기, 크루즈

🖼 **인천 영종도 인스파이어 복합 리조트**

대부분의 패키지 여행 상품의 경우 호텔을 숙박 시설로 이용하는데, 보통 5성급, 4성급 등의 호텔을 주로 사용한다. 대부분 관광을 목적으로 하는 패키지 여행에서는 호텔에서 조식을 먹고 출발하여 관광지에서 저녁을 먹고 호텔로 들어오는 경우가 많기 때문에 부대 시설을 사용할 시간이 거의 없는 편이다. 따라서 패키지 여행에서 사용되는 호텔의 경우 객실 수준과 조식 수준이 가장 중요한 요소 중의 하나이다.

🖼 **국내 첫 카지노 복합 리조트 파라다이스시티**

3) 음식

여행에 있어 가장 기본적인 욕구를 충족하기 위한 것으로 음식을 들 수 있다. "금강산도 식후경(食後景)"이라는 속담도 있듯이 아무리 좋은 경치가 있더라도 맛있는 음식을 먹어야 관광객이 제대로 여행할 수 있다.

그림 3-6_ CNN 선정 세계에서 가장 맛있는 음식 TOP 5

여행 상품에서 음식은 호텔식, 현지식, 특별식, 한식 등이 대부분을 차지한다. 아침은 주로 호텔에서 뷔페식으로 식사를 하고 점심과 저녁은 현지식, 한식, 특별식 등이 제공된다. 관광 목적지의 유명한 음식(프랑스의 달팽이 요리인 에스카르고, 스위스의 퐁뒤 요리, 중국의 오리 구이 베이징 카오야 등)을 추가하는 것은 여행객의 만족도를 높일 수 있다.

4) 쇼핑

해외여행 시 쇼핑은 또 하나의 즐거움으로 관광 활동에 필요한 것이다. 하지만 최근에는 가장 많은 불평과 불만이 쇼핑이다. 다양한 쇼핑 품목, 지역 특산물, 후식 공간 등이 구성되어 있어야 하며, 면세점, 쇼핑몰, 전문 상품점, 공장 직영점, 재래시장 등이 있다. 여행 상품의 구성상 꼭 필요한 요소이기는 하나 때로는 무리하게 진행함으로 문제가 야기되기도 한다. 최근에는 쇼핑센터를 방문하지 않는 노쇼핑(No-shopping) 상품도 많이 판매되고 있다.

5) 관광지

국가, 도시, 지역 등을 대표하는 관광 명소로 파리의 에펠탑, 베이징의 자금성, 뉴욕의 자유의 여신상, 시드니의 오페라 하우스, 타이페이 101타워, 페루의 마추픽추, 브라질의 이과수 폭포를 비롯하여 미술관, 박물관, 역사 유적지, 세계 문화유산, 축제 등의 문화 관광 자원과 국립공원, 세계 자연 유산, 산악, 바다, 호수, 강, 동굴 등의 자연 관광 자원이 있다.

6) 여행 정보

지금은 정보의 홍수 시대로 여행 정보가 너무 많아 어느 여행 정보가 진짜인지 알 수가 없을 정도이다. 포털, 블로그, 여행 가이드북, 관광청, 외교부 해외 안전 여행, 언론, SNS 등 다양한 여행 콘텐츠가 범람하는 시대에 여행사가 고객으로부터 가장 신뢰받을 수 있

는 분야가 여행 정보이다. 그러나 여행사 직원들은 고객보다 여행 경험이 풍부하지 않아 고객의 질문에 대한 답을 포털, 블로그 등에 의존하는 경우가 많은 것이 현실이다. 정확하고 믿을 수 있는 여행 정보를 제공함으로써 관광객으로부터 신뢰받을 수 있도록 여행사는 끊임없이 교육하고 훈련 프로그램을 개발하여 실천하는 것이 중요하다.

7) 여행 매력물

관광지 외의 관광 명소를 여행 매력물(Travel Attraction)이라고 한다. 관광객의 욕구와 동기를 반영하면서 유인할 수 있는 관광 대상 엔터테인먼트 시설로 올림픽 경기장, 유럽 3대 축구 리그 경기장, 마카오와 라스베이거스 카지노, 유니버셜 스듀디오와 디즈니랜드 등의 테마 파크, 싱가폴 마리나베이센즈 등이 있다.

8) 여행 안내사

여행 안내사는 여행을 안내하는 여행사 직원이다. 해외여행 인솔자(TC)와 여행 목적지의 현지 가이드는 회사를 대표하여 여행객의 안전과 여행 만족을 책임지는 고객 접점 서비스 제공 종사자로 여행객들의 여행 만족도에 가장 많은 영향을 미치는 사람이다. 인솔자 및 가이드는 여행의 가치를 증진시키는 데 큰 몫을 하며, 여행의 만족도에 크게 좌우될 수 있는 중요한 역할을 수행하는 자로 여행의 구성 요소에 포함된다. 우리나라 여행 안내사의 유형에는 관광 통역 안내사, 국내 여행 안내사, 국외 여행 인솔자,

문화관광 해설사 등이 있고, 이들은 우리나라 관광진흥법에 의해 일정한 자격을 갖춘 사람들로서 국가 안내사이다. 외국에서 특정한 국가의 제도적, 법적 지위를 인정받을 수 있는 현지 가이드(Local Guide)도 있다.

9) 여행자 보험

여행자 보험은 여행 중에 일어나는 대부분의 사건 사고에 대해 보상해주는 여행객 전용 보험으로 여행 전에 필수적으로 가입해야 하는 요소이다. 우리나라 패키지 여행 상품은 기본적으로 여행 보험이 가입되어 있지만 개별 여행 상품은 별도로 가입해야 하므로 여행사 직원은 고객 상담 시 유의해야 한다. 여행 보험은 실손 보상 보험이기 때문에 보상 한도 내에서만 지급되며, 반드시 현지의 병원이나 경찰서에서 증빙 서류를 발급받아야 한다. 관광객 부주의로 의한 휴대폰 분실, 파손 사고 등은 보상이 불가하다. 일반적으로 국내 여행은 약 2천만 원, 국외 여행은 1억 원 보상이 가능한 여행자 보험을 여행사에서 가입하고 있다.

10) 관광청

우리나라 국민의 국외 여행(Out bound)은 매년 10% 이상 증가하고 있으며 코로나19 전 2019년 기준 약 2,800만 명이 출국했다. 세계에서 인구 대비 국외 여행 경험은 세계 최고 수준이다. 전 세계의 많은 관광청(NTO: National Tourism Organization)에서 우리나라에 홍보 마케팅을 할 수밖에 없는 상황인 것이다. 일본은 인구 1억 2천만 명 중 약 1,700만 명이 국외 여행 경험이 있으니 일본보다 우리나라의 국외 여행 숫자는 훨씬 높다는 것을 알 수 있다.

외국 관광청은 우리나라 국민들을 자국의 관광객으로 유치하기 위해 우리나라에서 지사 또는 GSA(General Sales Agent) 형태로 관광청을 설립하여 마케팅 활동을 하고 있다. 여행사는 관광청을 통해 현지 호텔과 관광지, 음식, 문화, 축제 등 다양한 최신의 여행 정보를 얻을 수 있고 여행 상품 개발 시 관광청의 도움을 요청할 수 있다.

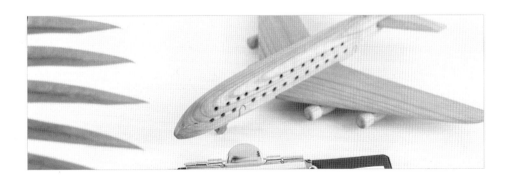

🎈 표 3-1_ 주한 외국 관광청 리스트

자료: 여행신문(2022. 7. 11.)

대륙	관광청	전화번호	대표자	업체명	홈페이지
일본	JNTO (일본정부관광국)	02-777-8602	키타자와 나오키 소장	지사	www. welcometojapan. or.kr
	나가사키현 서울 사무소	02-733-7398	토모나가 히로시 소장	지사	seoul-nagasaki. com
	니가타현 서울 사무소	02-773-3161	문성희 부소장	지사	www.niigata.or.kr
	대마도 부산 사무소	051-254-9205	쿠스 히로카즈 소장	연락 사무소	www.tsuhima- busan.or.kr
	미야기현 서울 사무소	02-725-3978	쓰지이 타쿠 소장	지사	www.miyagi.or.kr
	북도호쿠 3현/홋카 이도 서울 사무소	02-771-6191	니시오카 타다 히로 소장	지사	www. beautifuljapan.or.kr
	시즈오카현 서울 사무소	02-777-1835	타카하시 마코토 소장	지사	shizuokaseoul.com
	오키나와현 한국 사무소	02-318-6330	신자토 쇼타 소장	지사	www.visitokinawa. jp/kr
	도쿄 관광 한국 사무소	02-725-8233	반은정 대표	화인존	finezone.co.kr
	가가와현 관광 한 국 사무소	02-725-8233	반은정 대표	화인존	finezone.co.kr
중국	중국주 서울 관광 사무소	02-773-0393	대세쌍 소장	지사	www.visitchina. or.kr
	충칭시 여유국 홍보 센터	02-515-1234	김재윤 소장	신성 트래블	
	홍콩 관광 진흥청	02-2038-7515	김윤호 지사장	지사	www. discoverhongkong. com/kor

대륙	관광청	전화번호	대표자	업체명	홈페이지
동남아	다낭 관광청 한국 사무소	010-403504147	노태호 대표	네오마케팅플러스	
	말레이시아 관광청	02-779-4422	샤하루딘 야햐 소장	지사	malaysia.travel
	마얀마 관광청 한국 대표부	02-733-5674	상영민 소장	예스굿투어	www.myanmar.to
	베트남 관광청 한국 대표부	02-470-7885	리쓰엉 깐 관광 대사	지사	vietnamtourism.or.kr
	부탄 관광청	02-518-5012	윌리엄리 대표	한국 사무소	www.tourismbhutan.kr
	싱가포르 관광청	02-734-5570	안젤린 탕 지사장	지사	www.visitsingapore.com
	인도 관광청 한국 사무소	02-2265-2247	안영주 대표	제이스타매니지먼트솔루션	www.jstam.com
	타이완 관광청	02-732-2357	황이평 소장	지사	www.putongtawan.or.kr
	태국 관광청	02-779-5417	찌라니 푼나욤 소장	지사	www.visitthailand.or.kr
	필리핀 관광청	02-598-2290	마리아 아포 지사장	지사	www.itsmorefuninthephilipines.co.kr
	몰디브 관광청	02-777-8178	이은경 대표	아비아렙스 코리아	https://visitmaldives.com/en
	인도네시아 창조경제 관광부	indonesia.travel.korea@gmail.com	박재아 지사장	지사	

대륙	관광청	전화번호	대표자	업체명	홈페이지
유럽	노르웨이 관광청	02-773-6428	낸시 최 대표	CJ's world	www.visitnorway.com
	독일 관광청	02-773-6430	낸시 최 대표	CJ's world	www.germany.travel
	벨기에 플랜더스 관광청	02-6351-5155	김연경 대표	프로맥 파트너십	visitflander-asia.com
	스위스 정부 관광청	02-3789-3200	김지인 소장	지사	www.myswitzerland.com/ko/
	스페인 관광청	02-722-9971	이은진 대표	지사	www.spain.info
	영국 관광청	02-3210-5659	김미경 소장	지사	www.visitbritain.com
	오스트리아 관광청	070-8656-3333	마이클 타우슈만 지사장	지사	www.austria.info/kr
	이탈리아 정부 관광청	02-775-8806	김보영 대표	지사	www.italiantourism.com/
	조자아 정부 관광청 홍보 사무소	02-2263-2330	안영주 대표	제이스타 매니지먼트솔루션	
	체코 관광청 한국 지사	02-322-4210	미카엘 프로하스카 지사장	지사	www.visitczechrepublic.com
	포르투갈 관광청 한국 사무소	02-732-4147	이영미 대표	리디엔코	www.visitportugal.com
	프랑스 정부 관광청	02-776-9142	코린 풀키에 지사장	지사	kr.france.fr/ko
	튀르기예 문화 관광부	0704323-2560	최보순 대표	지오 코리아	
미주	미국 관광청	02-722-5233	김은미 대표	아이커넥트	www.gousa.or.kr
	LA 관광청	02-722-5233	김은미 대표	아이커넥트	kr.discoverlosangeles.com
	밋 하와이(Meet Hawaii)	02-722-5233	김은미 대표	아이커넥트	
	라스베이거스 관광청	02-777-8178	이은경 대표	아비아렙스 코리아	www.visitlasvergas.co.kr

대륙	관광청	전화번호	대표자	업체명	홈페이지
	뉴욕 관광청	02-777-8178	이은경 대표	아비아렙스 코리아	www.nycgo.com
	샌프란시스코 관광청	02-777-8178	이은경 대표	아비아렙스 코리아	www.onlyinsanfrancisco.com
	시애틀 관광청	02-777-8178	이은경 대표	아비아렙스 코리아	visitseattle.org
	하와이 관광청	02-777-8178	이은경 대표	아비아렙스 코리아	www.gohawaii.com/kr
	캘리포니아주 관광청	02-777-8178	이은경 대표	아비아렙스 코리아	visitcalifomia.co.kr
	캐나다 관광청	lee.stella@almc.co.kr(B2B 문의)	이영숙 대표	AL마케팅&커뮤니케이션	kr-keepexploring.canada.travel
	페루 관광청	070-4323-2560	최보순 대표	지오 코리아	www.promperu.gob.pe
	괌 정부 관광청	02-735-2088	박지훈 지사장	넥스트페이퍼엠앤씨	www.welcometoguam.co.kr
	뉴질랜드 관광청	02-3210-1107	권희정 지사장	지사	www.newzealand.com
	마리아나 관광청	02-775-8282	홍찬호 대표	㈜탐스 inc	www.mymarianas.co.kr
	타히티 관광청	02-777-8178	이은경 대표	아이비렙스 코리아	https://tahitiourisme.kr/ko-kr/
대양주	호주 뉴사우스웨일즈주 관광청	02-779-2950	김희정 대표	연락 사무소	www.sydney.com
	호주 퀸즈랜드주 관광청	02-730-5767	경성원 대표	지사	www.queensland.com/kr/ko
	호주 빅토리아주 관광청	010-9014-2021	김이령 대표	디엑스퍼트 그룹	www.visitvictoria.com
	호주 정부 관광청	02-752-6500	조진하 대표	H 플러스	www.australia.com
	태평양관광기구(SPOT)	SPTOKorea@gmail.com	박재아 지사장	지사	
	사모아관광청(STA)	SamoatravelKorea@gmail.com	박재아 지사장	지사	

대륙	관광청	전화번호	대표자	업체명	홈페이지
중동, 아프리카	두바이 관광청	02-553-0052	류영미 대표	윌앤와우	https://www.visitdubai.com/ko/
	이스라엘 정부 관광청	02-738-0882	조정윤 소장	지사	
	이집트 정부 관광청	02-2263-2330	안영주 대표	제이스타 매니지먼트솔루션	https://egypt.travel/
	사우디아라비아 관광청	jjung@sta.gov.sa(B2B 문의)	이재숙 지사장	지사	
	사우디아라비아 관광청(B2B 사무소)	070-4323-2560	최보순 대표	지오 코리아	

4 여행 상품의 분류

여행 상품의 분류는 매우 다양하여 일정한 체계에 따라 분류하기 어려우나 여행의 목적, 여행 규모, 여행 기획자, 여행 경비, 교통 기관, 판매 형태, 여행 형태 등의 기준에 의하여 분류될 수 있다.

1) 참가 형태에 의한 분류

기업이나 법인, 각종 단체에서 조직한 여행 형태인 단체 조직형, 여행사가 기획한 여행 상품에 개인 또는 소수의 그룹이 참가하여 단체형태를 구성하는 개인 참가형(모객형), 개인이 직접 여행을 기획하고 현지에서의 행동도 개인 단위로 이루어지는 개인 여행형으로 구분할 수 있다.

2) 참가 규모에 의한 분류

참가 규모에 따른 여행 상품 분류는 개인 여행(FIT), 단체 여행으로 구분한다.

3) 판매 형태에 의한 분류

불특정 다수를 모객하는 일반 모집형, 여행을 포상 수단으로 해서 판매를 촉진하거나 직원들의 사기 진작을 위한 인센티브형, 지인 간의 친목 및 회원 조직을 모체로 하는 단체 조직형, 각종 판매 채널을 통해 모집하는 경로 모집형(판매 채널형) 등으로 분류할 수 있다.

4) 기획 여행에 따른 분류

여행 상품을 여행사가 사전에 특별 기획하고 판매하는 기획 여행, 2개 이상의 단체나 기업이 주최하는 공동 주최 여행, 여행객의 주문에 따라 기획하는 주문 여행, 주최자가 여행객 및 여행사의 관계자를 초대하는 초대 여행으로 분류할 수 있다.

5) 여행 목적에 따른 분류

여행을 통한 휴양과 위락을 주목적으로 하는 관광 여행 상품의 순수 여행, 국제회의 참가 및 상담이나 영업 등 업무 출장을 겸한 여행, 선진화된 선진국 현지의 산업 시찰을 목적으로 하는 시찰 여행, 관광이 아닌 교육이 가장 큰 목적이 되는 연수 여행으로 분류할 수 있다.

6) 여행 형태에 따른 분류

일반 불특정 상대를 모객하여 진행하는 패키지 여행(시리즈 투어, 홈쇼핑 투어), 기업체 등에서 직원들의 성과에 보상 차원으로 떠나는 보상 여행(인센티브 투어), 회의 여행, 전세 여행, 이벤트 여행, 선택 여행, 크루즈 여행, 여행사 관계자 및 여행 전문 기자 등을 초대하여 관광지를 홍보하는 Fam Tour로 분류할 수 있다.

7) 체류 형태에 따른 분류

단기간 일정으로 많은 나라의 도시를 방문하는 주요형, 일정한 장소에 장기간 체제하는 체재형, 현지에서의 이동과 숙박 예약을 여행객 스스로 진행하는 개별 여행의 DIY(Do-It Yourself Tour)형, 일반적인 여행형태에 비하여 특별히 관심있는 분야에 대한 기획 여행의

형태인 Interest Tour형, 일반적으로 많이 알려지지 않은 곳을 여행하는 모험형으로 분류할 수 있다.

8) 참가 계층에 따른 분류

학생들의 여행인 수학(졸업)여행, 신혼부부를 위한 신혼여행, 50 ~ 60대의 여행을 위한 부부 여행, 70대 이상의 실버 여행으로 구분된다.

Chapter 04

지상 수배 업무

1. 지상 수배
2. 여행 확정서 개념 업무

04 지상 수배 업무

1 지상 수배

1 개념

　지상 수배의 개념을 이해하기 위해서는 여행업계에서 유통 구조상 중요한 위치에 있는 랜드사(Land Operator)를 이해해야 한다. 여행사에서 패키지 상품이나 일반 기획 상품은 여행객의 원활한 여행을 위하여 출발지의 랜드사나 관광 목적지의 여행사를 통해 직접 지상 수배를 한다.

　지상 수배업은 법률 용어가 아니라 여행업계에서 자체적으로 불리는 명칭으로 법인세법에 의하면 '외국 여행사의 국내 연락 사무소'로 표현하고 있다. 랜드사는 여행 목적지의 호텔, 숙박, 식당, 현지 교통, 가이드 등을 예약하고 쇼핑 및 기타 관광에 관련된 활동을 할 수 있도록 하는 업체이다. 랜드사를 매년 공개적으로 심의 후 선정하여 여행 지상 부분에 수배를 의뢰한다. 인터넷의 발달로 인해 현지의 SIT 및 목적 여행을 전문으로 하는 여행사 및 일부 대형여행사는 현지의 지상 수배 업무를 직접 관리하기도 한다.

노투어피에 홈쇼핑 비용까지 떠안은 랜드사 '이중고'

홈쇼핑 1억 원 호가하는데 랜드사가 더 부담
방송 급증에 전환율↓, 버겁지만 대안 없어

모객을 위해 홈쇼핑을 택할 수밖에 없는 랜드사들의 시름이 깊어지고 있다. 홈쇼핑 비용 부담은 커졌지만 제대로 된 투어피도 받지 못하는 상황이어서다.

최근 여행 상품 홈쇼핑 경쟁이 치열하다. "홈쇼핑 채널을 틀면 여행 상품이 나온다"는 우스갯소리가 나올 정도인데, 특히 일본·동남아·유럽 지역이 주를 이룬다. 여행업계에 따르면 유명 채널 황금 시간대 홈쇼핑 비용은 2019년 8,000만 원선에서 현재 1억 1,000만 원에 달할 정도로 껑충 뛰었다. 한 베트남 전문 랜드사 관계자는 "여행 상품 홈쇼핑 초창기에만 하더라도 여행사에서 방송비를 더 부담하기도 했는데, 요즘은 랜드사에 70%를 요구하는 곳도 있다"라며 "여행사가 랜드사에 단체를 보내준다는 조건으로 강요하는 것 같아 착잡하다"고 토로했다. 랜드사 관계자들에 따르면 현재 홈쇼핑 방송비 부담 비율은 랜드사 50~70%, 여행사 30~50% 수준이다.

홈쇼핑은 여행업계에서 흔히 '계륵'으로 여겨진다. 버겁기는 해도 대량 모객이 가능한 대안이 없으니 "울며 겨자 먹기"로 할 수밖에 없어서다. 재기를 위해 대출을 받아 홈쇼핑을 진행하는 랜드사도 나왔다. 한 일본 전문 랜드사 관계자는 "홈쇼핑의 홍보·판매 효과를 믿고 3억 대출을 받아 홈쇼핑을 진행했는데 생각만큼 모객이 되지 않는 상황"이라고 하소연했다. 홈쇼핑을 '로또'에 비유하기도 한다. 한 동남아 랜드사 관계자는 "전환율을 고려했을 때 1만 콜 터지면 대박이고 2,000~3,000콜이면 쪽박"이라며 "복불복이지만 대박을 노리는 업체들도 많다"고 분위기를 전했다.

코로나 이전보다 수익성은 악화됐다. 낮아진 전환율을 두고 매주 홈쇼핑 러시가 이어지다 보니 상품을 비교해가며 소위 '간을 보는' 고객들이 늘었다는 의견도 많다. 한 유럽 전문 랜드사 관계자는 "일주일에도 몇 번이나 같은 지역, 비슷한 상품 홈쇼핑을 하는 경우가 있다 보니 고객들이 이동하는 악순환이 이어지고 있다"고 말했다. 노투어피, 마이너스 투어피도 고통이다. 한 랜드사 관계자는 "투어피는 제대로 주지 않으면서 홈쇼핑 비용까지 부담시키는 여행사의 '갑질'을 멈춰달라"고 지난 2월 본지에 호소하기도 했다.

랜드사들은 항공 좌석 확보에도 어려움을 겪고 있다. 항공사에서 홈쇼핑 명목으로 경쟁력 있는 요금을 제공해왔는데, 코로나 이후 항공 공급이 정상화되지 않으며 이 프로모션 좌석이 크게 줄었다. 일부 항공사에서는 관련 규정도 강화했다. 한 랜드사 관계자는 "현재 한 국적 항공사에서는 해피콜 2주 안에 예약한 실모객에 한해서만 좌석을 주고 나머지는 회수해 간다"라며 "코로나 이전에는 기간이 3주였고, 이름 변경도 가능해서 일단 좌석을 확보한 뒤 추후 판매도 가능했는데 이제는 어려워졌다"고 말했다.

출처: 여행 신문, 2023. 3. 13.

지상 수배를 담당하는 랜드사는 여행사와 거의 동일한 업무를 하고 있으나 유통 구조상 관광객과 직접 거래는 하지 않는다. 하지만 최근 인터넷의 발달로 랜드사가 개발한 여행 상품을 여행객과 직접 거래하는 비율이 점차 증가하고 있는 추세이다.

여행사에서 지상 수배를 담당하는 직원을 OP(Operator)라고 하며 주요 업무는 상품 기획, 판매, 판매 관리, 수배, 고객 상담, 인솔, 정산 등 여행사의 중요한 업무를 수행하고 있다. 대형 여행사는 직무가 전문화되어 있지만 중소형 여행사는 규모가 작아 다재다능한 인재를 요구한다.

OP는 정확한 여행 정보, 이해력, 판단력을 갖추어야 하며 판매 부서 및 항공 부서와의 유기적인 협력을 통해 행사를 진행한 후 정산 업무까지 하므로 여행사에서 매우 중요한 역할을 담당하고 있다.

2 지상 수배 업무

지상 수배는 현지의 정확한 여행 정보를 바탕으로 이루어져야 하며 해당 국가와 지역에서 일어나는 정치, 경제, 문화, 사회 현상 등 가장 최근의 소식을 여행자와 여행사를 위해 반드시 확인해야 한다.

여행사에서 여행 상품이 기획되거나 고객에게 여행 상품을 의뢰받으면 여행 상품의 여러 가지 조건을 체크하여 간략한 수배 의뢰서를 계약된 랜드사에 요청한다. 동일한 여행 조건을 명확히 제시하여 최소 2~3개 업체에 지상비 견적을 요청한다. 일본, 중국, 동남아, 유럽 및 미주의 전문 랜드사를 통해 지상비 견적 및 수배를 하게 된다. 대형 패키지 여행사 및 SIT 전문 여행사는 관광 목적지 나라의 여행업체와 연간 계약을 통해 지상 수배에 관한 업무를 직접 운영하기도 한다.

여행사가 고객과 계약을 하게 되면 랜드사에게 정식으로 견적서를 바탕으로 현지 지상 수배를 요청하게 되며 항공 좌석 확보도 병행하게 된다. 랜드사로부터 지상비 청구서(Invoice)와 확정서를 수령하며 여행 출발 전 고객으로부터 여행 경비를 완납 처리한 후 고객에게 여행 확정서를 보내고 지상비를 랜드사에 입금한다. 이후 수배 담당자는 수배 확정서를 근거로 행사를 진행하도록 랜드사에 의뢰하며 현지에서 여행이 잘 수행되는지도 수시로 확인해야 한다.

🏎 **표 4-1_ 랜드사와 여행사 간 거래 견적서**

paradise Asia

인도네시아 전 지역, 브루나이 연합 랜드

Tel: 02-558-5377 Fax: 02- 6919-2095

E-mail: patour@daum.net

모두투어 776616 아름다운 시들의 섬 인도네시아 발리 10박 12일 견적서 (발송일 23. 01. 11.)								
수신	모두 투어 박재희 매니저 님		발신		PA 서울사무소 정지혜 과장		기간	2023년 01월 17일~2023 년 01월 28일
인원	• 성인 7명 • 아동 4명		1인 지상비			US$ 1,949	호텔	모벤픽 클래식룸 5박 + 캠 핀스키 그랜드 디럭스 5박 기준
상세 내역	모벤픽	$100	5	×	3	룸	$1,500	
	캠핀스키	$330	5	×	3	명	$4,950	
	발리내셔널 27홀	$300	1	×	3	명	$900	• 호텔 2인 1실 기준 요금입니다. • 아동 1인 지상비 $1,020
	데이크루즈	$90	1	×	7	명	$630	• 차량 27인승 기준 1대 + 현지인 한국어 가이드 1명 기준
	발리 전통 마사지 2시간	$20	1	×	7	명	$140	• 차량 가이드 10시간 기준 요금으로 시간 추가 시 요금이 추가됩니다.
	아로마 오일 마사지	$30	1	×	7	명	$210	• 식사는 기본 식사 기준으로 업그레 이드 시 추가 요금 발생됩니다.
	뉴꾸따 18홀	$150	1	×	3	명	$450	• 노쇼핑 기준 요금입니다. • 골프의 경우 3명 기준 요금입니다.
	발리내셔널 18홀	$150	1	×	3	명	$450	• 골프 진행 시 캐디팁 불포함, 클럽식 불포함입니다.
	식사	$15	6	×	7	명	$630	• 자유 일정 시 차량 가이드 불포함 중 석식 불포함입니다.
	관광지 입장료	$45	6	×	7	명	$1,890	• 객실은 실시간으로 추후 객실이 막 힐 수 있습니다.
	27인승 차량	$200	7	×	1	대	$1,400	• 발리 도착 비자 불포함 RP500,000(약 $38)
	현지인 가이드	$40	7	×	1	명	$280	• 기사 가이드 팁은 매너팁으로 불포함 입니다.
	노쇼핑	$30	1	×	7	명	$210	
							$13,640	

일자	지역	교통편	시간	여행 일정	비고
제1일	인천	GA/KE		인천국제공항 출발	석: 불포함
	발리			발리 응우라이 국제공항 도착	
				가이드 미팅 후 차량으로 이동	
				호텔 체크인/호텔 투숙 및 휴식	
제2일	발리	차량 가이드 불포함		조식(호텔식) 後	조: 호텔식 중: 불포함 석: 불포함
				전일 자유 시간 및 선택 관광	
				호텔 투숙 및 휴식	
제3일	발리	차량 가이드 불포함		조식(호텔식) 後	조: 호텔식 중: 불포함 식: 불포함
				발리내셔널 27홀(3명)-클럽식 불포함, 캐디팁 불포함	
				골프 3녕 제외 선일 자유 일성 숭석식 불포함	
				호텔 투숙 및 휴식	
제4일	발리	전용 차량 + 가이드		조식(호텔식) 後	조: 호텔식 중: 도시락 석: 현지식
				데이크루즈 체험	
				발리 전통 마사지 2시간(아동 제외)	
				호텔 투숙 및 휴식	
제5일	발리	전용 차량 + 가이드		조식(호텔식) 後	조: 호텔식 중: 현지식 석: 짐바란 씨푸드
				앙드레김 패션쇼로 널리 알려진 게와까 파크 관광	
				울루와뚜 절벽 사원-발리 최남단에 위치하고 있으며 해발 75M의 절벽에 세워진 사원으로 발리 최고의 조망을 자랑하는 곳, 드라마 '발리에서 생긴 일' 촬영지이며 원숭이 사원이라고 불리기도 한다.	
				빠당빠당 비치- 줄리아 로버츠의 '먹고 기도하고 사랑하라'의 촬영지	
				아로마 오일 마사지 2시간(아동 제외)	
				호텔 투숙 및 휴식	
제6일	발리	전용 차량 + 가이드		조식(호텔식) 後 모벤픽 체크아웃	조: 호텔식 중: 현지식 석: 현지식
				따나롯 해상 사원 관광	
				따만 아윤 사원 관광	
				호텔 투숙 및 휴식	
제7일	발리	전용 차량 + 가이드		조식(호텔식) 後	조: 호텔식 중: 불포함 석: 불포함
				뉴꾸따 18홀(3명)-클럽식 불포함, 캐디팁 불포함	
				골프 3명 제외 전일 자유 일정 중석식 불포함	
				호텔 투숙 및 휴식	

일자	지역	교통편	시간	여행 일정	비고
제8일	발리	차량 가이드 불포함		조식(호텔식) 後	조: 호텔식 중: 불포함 석: 불포함
				전일 자유 시간 및 선택 관광	
				호텔 투숙 및 휴식	
제9일	발리	전용 차량 + 가이드		조식(호텔식) 後	조: 호텔식 중: 불포함 석: 불포함
				발리내셔널 18홀(3명)-클럽식 불포함, 캐디팁 불포함	
				골프 3명 제외 전일 자유 일정 중석식 불포함	
				호텔 투숙 및 휴식	
제10일	발리	차량 가이드 불포		조식(호텔식) 後	조: 호텔식 중: 불포함 석: 불포함
				전일 자유 시간 및 선택 관광	
				호텔 투숙 및 휴식	
제11일	발리	전용 차량 + 가이드		조식(호텔식) 後	조: 호텔식 중: 현지식 석: 한식
				호텔 체크아웃 후 가이드 미팅	
				발리의 몽마르트, 외국인들에게 인기 있는 우붓 재래시장 및 우붓 왕국	
				베틀트립에도 방영된 곳으로 발리 연꽃 사원으로 유명한 사라스와띠 사원 관광	
				초록빛 열대림 속에서 원숭이들과 가까이 만날 수 있는 몽키 포레스트 관광	
				발리의 계단식 논 뜨갈랄랑	
				발리 응우라이 국제공항으로 이동	
제12일	인천	GA/KE		발리 응우라이 국제공항 출발	
				인천 국제 공항 도착	
				인천 도착 해산	
포함	호텔, 차량, 현지인 가이드, 일정 상식사, 관광지 입장료, 짐바란 씨푸드, 데이크루즈, 아로마 마사지 2시간, 발리 전통 마사지 2시간				
불포함	여행자 보험, 가이드&기사 매너팁, 발리 도착 비자 RP500,000(약 $40)				
REMA RKS	발리 입국 시 여권 유효 기간 6개월 이상 남아 있어야 합니다.				
	발리 쇼핑 센터: 노쇼핑				
	발리 현지 사무소 TEL: 0361-4487500/한국인 매니저 H/P: 082-1445-87399				

• 상기 일정 및 조건은 항공 및 현지 사정에 의해 다소 변경될 수 있습니다.

JP. World Travel and Tour

서울시 서대문구 경기대로 48. 충정로 2가 운송빌딩 401호
TEL: 02-3432-7417~8 FAX: 02-6008-7417

보라카이 헤난파크 3박 4일

수신	㈜ 모두투어/김진영 팀장님	출발일	2023. 7. 26. ~ 7. 30.
발신	㈜제이피월드/남은영 실장	행사 인원	40+0
호텔	헤난 파크 프리미어룸(20룸) – 2인 1실		
지상비	260,000원 / 1인		
포함	호텔, 식사, 전용 차량, 가이드&기사팁, 일정표상 관광지 입장료 전신 마사지 1시간, 세일링 보트, 화합의 밤(무제한 삼겹살+맥주 1인 2병, 소주 2인 1병)		
불포함	개인 경비, 각종 매너팁, 선탠 관광 • 필리핀 입국 & 한국 입국 시 제출해야 하는 신속 항원 검사 비용은 개인 비용으로 포함되어 있지 않습니다.		
차량	왕복 픽업 시에만 대형 버스 2대 사용 / 보라카이 내 도보 or 트라이시클 탑승		
비고	인원 변경 및 TC, FOC 추가 시 요금 변동될 수 있습니다. • 일정 중 쇼핑센터 1회 방문 포함입니다. • 옵션 진행이 가능한 일정입니다. • 아래 일정은 현지 사정에 의해 변경될 수 있습니다. • 신속 항원 검사 비용 약 1,000페소 병원에 따라 달라질 수 있습니다. • 객식 가능 여부 확인 전입니다.		

일자	지역	교통	시간	일정	식사
제1일	인천			인천 국제공항 출발	
	깔리보			깔리보 국제공항 도착 후 가이드 미팅	
				깔리보 공항에서 차량 탑승 후 까띠끌란 부두로 이동 (약 2시간 소요)	중: 한식 석: 한식
	보라카이			방카선으로 보라카이섬 이동(약 30분 소요)	
				리조트 도착 후 체크인 및 휴식	
				HTL: 헤난 파크 프리미어	

일자	지역	교통	시간	일정	식사
제2일	보라카이			조식 후 가이드 미팅	조: 호텔식 중: 현지식 석: 무제한 삼겹살(화합의 밤)
				▶ 전신 마사지 1시간(매너팁 별도)	
				▶ 화합의 밤(무제한 삼겹살 / 2인 소주 1병 / 1인 맥주 2병) 석식 후 리조트 투숙 및 휴식	
				HTL: 헤난 파크 프리미어	
제3일	보라카이			조식 후 가이드 미팅	조: 호텔식 중: 한식 석: 립 BBQ
				▶ 세일링 보트 체험(부드러운 바람을 맞으며 아름다운 바다를 가장 낭만적으로 즐길 수 있는 세일링 보트)	
				석식 후 리조트 투숙 및 휴식	
				HTL: 헤난 파크 프리미어	
제4일	보라카이			리조트 체크아웃	조: 호텔식
	까띠끌란			까띠끌란으로 이동 후 → 차량으로 깔리보 이동	
	깔리보			깔리보 공항 도착 후	
				쇼핑센터 1회 방문(토산품+잡화)	
				공항으로 이동하여 탑승 후 수속	
	깔리보			깔리보 국제공항 출발 / 인천 국제공항 도착	
	인천			인천 국제공항 도착	

대형 여행사의 경우 전문화, 분업화가 잘 되어 있지만 중소형 여행사 OP는 다양한 업무를 담당하고 있다.

지상 수배, 여행 정보 탐색 및 수집과 제공, 현지 답사, 여행 상품 개발, 일정표 작성, 지상 경비 산출, 공항 미팅과 샌딩, 항공 수배 요청, 정산 처리, 고객 상담과 사후 관리 등 항공 업무를 제외한 대부분의 직무를 수행하는 것이 현실이다.

2 여행 확정서 개념 업무

여행 확정서는 여행 상품 구성 요소가 모두 확정되어 더 이상 변동이 불가한 상태로 결정되었음을 나타내며 행사를 위해 관광 공급업자(항공 수배, 지상 수배, 현지 행사 진행 등)들과의 확정된 계약 사항을 담고 있는 서류를 말한다. 항공권, 호텔, 관광지, 식사, 가이드, 현지 교통 등 여행에 필요한 제반 사항이 완벽하게 확정되었다는 의미이다. 여행 인원의 증가 또는 감소, 항공사와 호텔 이용 날짜와 시간, 식사 메뉴 등이 변경되면 기본적으로 추

가 요금이 발생되는 상황이다. 여행사가 국외 여행 인솔자(TC)에게 행사 내용을 총괄하여 전달하는 업무 지침서이기 때문에 '행사 지시서'라고도 한다. 여행사와 랜드사 간 거래뿐

230709-2	여 행 확 정 서		2023 년 06 월 26 일
거래처	참좋은여행 / 박상혁님	여행지	TAIWAN(타이완) / TAIPEI(타이페이)
담당자	투어월드 / 강경민 과장	연락처	02-738-6789
상품명	[대만 4 일] #노쇼핑 #핵심투어 #101 빌딩	여행기간	2023-07-09 ~ 2023-07-12
인원	성인(11),	객실수	TWN(4), 다인실(1),
항공스케줄	2023-07-09 / LJ081 / ICN / TPE / 7:50 / 9:25 2023-07-12 / LJ082 / TPE / ICN / 10:35 / 14:00		
호텔	2023-07-09~ 2023-07-12 TAIPEI Hi One Holiday Hotel(+886-2-2662-8000)		
가이드	두입경 (여 X 0902-131678)		

◎ 여행조건(포함/불포함 사항)

포함사항	101 타워 전망대, 노쇼핑, 호텔(2 인 1 실), 가이드, 차량, 일정상 식사, 관광지 입장료 ★홈쇼핑 특전 => 전객실 : 객실당 펄리수(6 캔) 1 박스 + 망고빙수 2 인 1 개 + 버블티 1 인 1 잔
불포함사항	발마사지, 가이드/기사 경비 USD 40/만(성인, 아동 동일), 개인비용, 각종 매너 팁
참고사항	> 버스안에서 기념품 판매가 없습니다. > 대만 교통법 개정으로 버스 하루 11 시간 운행시간 제한이 적용됩니다. > 여권만료일 반드시 6 개월 이상 남아있어야 합니다. > 최근 대한민국이 돼지콜레라 발생국으로 지정됨으로 인해, 입국시 돼지고기 육류가공품에 대한 검역이 철처하게 이루어지고 있습니다. 적발시에는 한화로 약 720 만원 가량의 벌금이 부과 되오니, 꼭 안내 나가 주시기 바랍니다. > 대만 입국시 전자 담배 반입은 불가능 합니다. 이를 어길시 형사상 기소 될 수 있음을 알려 드립니다.

🏵️ 그림 4-1_ 여행 확정서

만 아니라 여행사와 고객 간 거래에서도 확정서가 반드시 필요하다. 대체로 기획 여행 상품일 경우 출발 2~3일 전 또는 최소 하루 전에 여행사는 고객에게 여행에 필요한 항공권, 숙박, 국외 여행 인솔자와 현지 가이드, 차량, 식당, 관광 명소 등을 확보하였음을 전화, 문자 메시지, 이메일 등을 이용해서 최종 통보한다.

230709-2	여 행 일 정 표		2023 년 06 월 26 일

상품명 : [대만 4 일] #노쇼핑 #핵심투어 #101 빌딩

일자	교통편	시간	세부일정
07-09(일) 인 천 도 원 타이페이	LJ081 전용차량	7:50 9:25	인천 국제공항 출발 (약 2 시간 30 분 소요) [시차 -1 시간] 대만 도원 국제 공항 도착 타이페이로 이동 - **고궁박물관** - **용산사** - **화시지에 야시장** - 타이베이 101 빌딩 호텔 투숙 및 휴식
			중식:현지식 석식:딤섬
07-10(월) 타이페이 예 류 지 우 펀 스 펀 타이페이	전용차량	전 일	호텔 조식후 - **국립예류해상공원** - **지우펀 옛거리** - **스펀 (천등 4 인 1 개 포함)** 호텔 투숙 및 휴식
			조식:호텔식 중식:현지식 석식:무제한 샤브샤브
07-11(화) 타이페이 단 수 이 타이페이	전용차량	전 일	호텔 조식후 - **단수이 (홍마오청, 옛거리, 진리대학)** - **국립중정기념당** - **시먼딩 (망고빙수 2 인 1 개, 버블티 1 인 1 잔 제공)** [선택관람] 발마사지 30 분(성인 30USD/아동 30USD) [선택관람] 전신마사지 60 분(성인 50USD/아동 50USD) 호텔 투숙 및 휴식
			조식:호텔식 중식:우육면 석식:한식불고기
07-12(수) 타이페이 인 천	전용차량 LJ082	 10:35 14:00	호텔 조식 후 공항으로 이동 대만 도원 국제공항 출발 인천 도착 및 해산
			조식:호텔식

** 상기 일정은 현지사정 및 항공으로 인하여 변동될 수 있습니다 **

⊗ **그림 4-2_** 여행 일정표

인 보 이 스   2023-06-26

단체코드	230709-2	인원	11 + 0 + 0 + 0 + 0 (11)
상품명	[대만 4일] #노쇼핑 #핵심투어 #101 빌딩	여행일자	2023-07-09 ~ 2023-07-12 (3박 4일)
		수신	참좋은여행 박상혁님
참좋은여행		발신	(주)투어월드 / 강경민 과장
		인보이스번호	230709-2

ⓞ 예약정보

항목	내역					
고객명						
항공스케줄	국제선	2023-07-09	LJ081	ICN	TPE	7:50	9:25
	국제선	2023-07-12	LJ082	TPE	ICN	10:35	14:00
호텔	Hi One Holiday Hotel (+886-2-2662-8000) [2023-07-09~ 2023-07-12]					
인원	성인	소아	유아	T/C	FOC	합계
	11명	0명	0명	0명	0명	11명
객실타입	트윈	더블	싱글	다인실	엑스트라	합계
	4	0	0	1	0	5

ⓞ 여행경비내역

구분		성인	소아	유아	TC	FOC	합계 11명		
항목	세부항목	11명	0명	0명	0명	0명	USD	환율	KRW
판매가	지상비	355,000							3,905,000
	중식추가	10,000×11							110,000
여행경비 총액							0		4,015,000
입금 / 환불총액							0		0
차액							0		4,015,000

ⓞ 입금안내

은행명	KEB 하나은행	입금 요청일			
예금주	(주)투어월드	입금요청금액	USD	환율	KRW
계좌번호	113-890030-27704		0		4,015,000
참고사항	* 환율 적용은 입금 당일 은행 고시환율로 적용 바랍니다.				
	당사를 이용해 주셔서 감사드리며 귀사 고객님의 행복한 여행을 위해 최선을 다하겠습니다				

🏵 그림 4-3_ 인 보이스

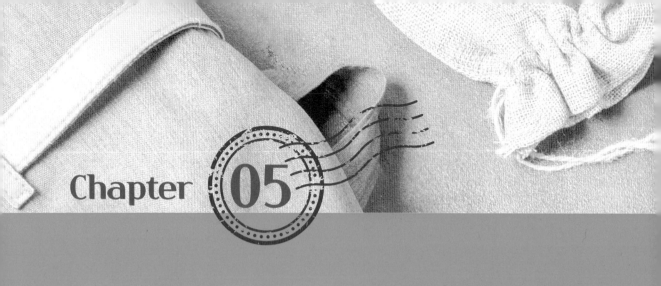

Chapter 05

항공 수배 업무

1. 항공권 이해
2. 항공사의 분류

05
항공 수배 업무

1 항공권 이해

　국외 여행 상품에서 가장 중요하고 가장 많은 비용을 차지하며 가장 우선 확보해야 하는 것이 항공 관련 업무이다. 항공은 여행 조건, 인원, 목적지, 시기, 여행자 신분과 연령, 항공권 사용 기간, 직항과 경유편 여부, 이용 항공사에 따라 복잡하고 다양하게 나타난다. 항공 담당직원은 고객에게 유리한 항공 요금 산출을 위해 끊임없이 노력하면서 경쟁사보다 합리적이고 저렴한 항공 요금을 제시할 수 있어야 한다.

　항공 운임은 항공권의 판매 조건에 따라 다양하게 분류되는데 정상 운임 (normal fare), 특별 운임(special fare), 할인 운임(discount fare)으로 구분된다. 여행자 인원에 따라 개인 운임(individual fare), 단체 운임(group fare)으로 나뉜다.

1 항공 운임의 종류

1) 정상 운임(normal fare)

최대 체류 허용일(maximum stay)이 항공권 개시일 기준 1년인 항공권이다. IATA FARE 라고도 한다.

2) 특별 운임(special fare)

여행자의 여행 기간, 예약 조건, 여정 변경 가능 여부, 환불에 대한 제약 등 다양한 제한 조건을 설정하는 대신 가격 할인 혜택이 많은 항공권

3) 할인 운임(discount fare)

유아, 소아, 학생 등 나이 또는 신분에 따라 할인되는 항공권

❶ 유아 운임(Infant fare)

출발일로부터 14일 이상 만 2세 미만 으로 성인 운임의 10%를 적용하며 좌석 을 점유할 수 없는 운임

❷ 소아 운임(Child fare)

출발일로부터 만 2세 이상 만 12세 미만으로 성인 운임의 75%가 적용된다. 저비용 항 공사의 경우 별도의 소아 운임이 없는 경우도 있다.

❸ 비동반 소아 운임(UM: Unaccompanied minor)

여행일 기준 만 5세 이상 만 12세 미만의 승객이 성인 보호자 없이 혼자 여행하는 승객 으로 항공사 직원 및 객실 승무원이 보호자 역할을 하여 성인 운임을 지불한다. 사전에 항 공사에 별도의 신청을 하여 항공사로부터 승인 이후 운임을 지불해야 한다.

④ 학생 운임(SD: student discount)

만 12세 이상 만 25세 미만으로 정규 기간의 6개월 이상 교육 과정에 등록된 학생 승객으로 정상 운임의 75%를 지불한다. 항공권 구입 시 입학허가증 사본, 재학증명서 사본, 학생증 및 여권 등 해당 항공사로부터 요청하는 서류를 제출한다.

⑤ 선원 운임(SC: ship's crew discount, seaman fare)

선원 운임에는 개인 선원 요금과 단체 선원 요금이 있고, 조업의 형태에 따라 상선과 어선으로 구분할 수 있다. SC25로 성인 운임의 75%를 지불한다.

⑥ 항공사 직원 운임(ID: identity of industry discount)

항공사 임직원은 항공사 상호 간에 계약된 항공사에 한하여 정상 운임의 10%가 적용된다.

⑦ 여행사 직원 운임(AD: agent discount)

항공사와 대리점 계약을 체결하고 IATA에 가입한 여행사에 1년 이상 근무한 임직원에게 적용되는 항공 운임으로 정상 운임의 25%가 적용된다. 배우자는 가족관계증명서를 첨부하면 AD 50%를 적용한다.

⑧ 단체 인솔자 운임(CG50: Tour Conductor)

10명 이상의 단체 여행객을 인솔하는 인솔자로서 할인되는 운임이다.

② 여행자 인원에 따른 항공 운임의 종류

1) 개인 운임(individual fare)

개인 운임은 여행사 인원이 9명 이하로 구성되며 흔히 FIT라고 한다.

2) 단체 운임(group fare)

성인 10명 이상으로 구성되며 항공권 판매가 부진한 노선인 경우 판매 활성화를 위해 기준 인원수를 낮추는 경우도 있다. 단체 인원수에서 소아는 2명을 성인 1명으로 간주하고 유아는 인원수에서 제외한다. 최대 체류 허용일은 15일, 귀국일 변경은 원칙적으로는 불가능하며 수수료를 징수하고 최대 체류 허용일 이내에서 변경 가능하다. 단체 인원수가 15명 이상인 경우는 FOC(Free Of Charge) 항공권을 지급하는데 유류 할증료와 Tax는 지불해야 한다. 하지만, 최근 항공사들은 비용 절감을 위해 FOC 제도를 없애는 추세이며, 일부 항공사는 운영하지 않는다.

3️⃣ 항공 운임의 구성과 유효 기간

항공 운임은 항공 운임과 세금(Tax), 유류 할증료(Fuel surcharge)로 구성되는데, 항공 운임은 항공사에서 책정한 요금이며 세금은 국가별 공항 시설 이용료가 대부분을 차지한다. 유류 할증료는 유가의 변동에 따라 부가되는 것이며, 항공권의 유효 기간은 일(day), 월(month), 년(year)으로 적용된다.

1) 항공 운임

항공사별로 상이한 조건 및 다양한 종류의 운임이 적용된다.

2) 공항 시설 이용료

인천 공항과 김포 공항에서 출발하는 국제선 항공권을 이용하는 승객이 납부 대상이며, 인천 공항 기준으로 공항 이용료 17,000원, 관광 진흥 기금 10,000원(외국인 제외), 국제 질병 퇴치 기금 1,000원으로 구성되어 총액 28,000원이 징수된다.

3) 출입국세(Tax)

방문 국가에서 징수하는 출국 및 입국 세금으로 주로 유럽, 미국, 캐나다 등의 국가에

서 징수하며 항공권 요금 산출 시 자동으로 반영된다. 항목별로 내용이 다르며, 내용에 따라 항공권에 2자리 코드로 기재되나 항목이 많을 경우 XT 코드로 합산하여 기재된다.

4) 유류 할증료(Fuel surcharge)

항공사가 유가 상승에 따른 손실을 보전하기 위해 운임에 부과하는 할증료이다. 유류 할증료는 출발 국가에 따라 다르게 적용되며, 동일한 출발 국가의 항공사들은 동일한 유

류 할증료를 적용하는 것이 일반적이나 이는 항공사에 따라 차이가 날 수 있다. 우리나라 출발 항공운임에 부과되는 유류 할증료는 싱가폴 항공유를 기준으로 유가 수준에 따라 여러 단계로 산출되어 적용되고 한 달에 한 번씩 조정되며, 국토교통부의 승인을 받아야 한다. 항공권에 일반적으로 2자리 코드인 YR이나 YQ로 기재된다.

2 항공사의 분류

1 대형 항공사(FSC: Full Service Carrier)

국제민간항공기구(ICAO)는 다양한 기준으로 항공사를 분류하고 있다. 사업의 모델에 따라 항공사 종류에는 Full Service Carrier, Low Cost Carrier로 구분한다.

우리나라의 경우 FSC 항공사로는 대한항공(KE)과 아시아나항공(OZ)이 있다. 대형 항공사는 다양한 항공기 기종을 보유하여 보다 편리한 중장거리 여행이 가능하고 Full Service를 제공하는 것이 큰 장점이며, LCC에 비해 항공 운임이 비싼 것이 단점이다.

② 저비용 항공사(LCC: Low Cost Carrier)

1) 저비용 항공사의 개념

저비용 항공사의 장점은 FSC에 비해 저렴하다는 것이 장점이다. 저비용 항공사는 무료 기내 서비스를 없애고, 단일 기종의 운영을 통해 항공 운임을 낮추며, 비용을 절감함으로써 항공 이용객에게 항공권의 가격을 낮게 책정 판매하는 항공사라고 할 수 있다. 단순한 가격 구조를 가지면서 인터넷을 활용한 직접 발권 등으로 비용을 절감하여 기존 대형 항공사의 70% 수준으로 판매가를 유지하고 있다. 서비스를 줄여 가격이 저렴하긴 하지만 FSC에 비해 서비스가 부족하고 정시성이 떨어지는 것이 단점이다. LCC라 함은 단순히 가격이 낮다는 의미의 저가 항공사라는 뜻이 아닌 운영 비용 절감을 통해 저렴한 운임을 제공하는 항공사라고 말할 수 있다.

2) 저비용 항공사의 현황

세계 최초의 저비용 항공사는 퍼시픽 사우스웨스트(PSA) 항공으로 1949년부터 1988년까지 운행했던 1세대 저비용 항공사이며 1988년 US AIRWAYS와 합병했다. 이후 PSA 항공을 모델로 1967년에 설립된 미국의 사우스웨스트 항공(WN)이 운항 중에 있다.

우리나라 최초의 저비용 항공사는 현재 티웨이 항공의 전신인 한성 항공으로 2005년 8월에 청주 국제공항을 허브 공항으로 하여 청주-제주 구간 운항 증명(AOC)을 발급하여 우리나라 최초로 LCC를 시도하였다. 이후 제주항공, 진에어, 에어부산, 티웨이항공, 이스타항공, 에어서울 등 많은 항공사들이 시장에 진입했으며 2020년 이후 플라이강원, 에어프레미아, 에어로케이가 운항 중이다.

③ 항공사, 공항, 도시 코드(3Letter Code)

전 세계 도시와 공항은 암호화되어 있어 항공권 기재 사항을 알고 있어야 한다. 출입국 시 공항에서 수시로 항공편 출발 도착 상황판을 참고하여 여행편의 정보를 확인해야 하

기 때문에 항공 담당자뿐만 아니라 여행사 직원들은 반드시 항공 코드를 숙지해야 한다. 기재 사항에는 ICAO 음성 알파벳, 월별 코드, 항공사 코드(2 Letter Code), 도시(공항) 코드(3Letter Code)가 있다.

표 5-2_ ICAO 음성 알파벳

LETTER	PHONETIC ALPHABET	LETTER	PHONETIC ALPHABET
A	ALPHA	N	NOVEMBER
B	BRAVO	O	OSCAR
C	CHARLIE	P	PAPA
D	DELIA	Q	QUEEN
E	ECHO	R	ROMEO
F	FATHER	S	SMILE
G	GOLF	T	TANGO
H	HOTEL	U	UNIFORM
I	INDIA	V	VICTORY
J	JULIET	W	WHISKEY
K	KILO	X	XRAY
L	LIMA	Y	YANKEE
M	MICHEAL	Z	ZULU

표 5-3_ 월별 코드

CODE	MONTH	CODE	MONTH
JAN	JANUARY	JUL	JULY
FEB	FEBRUARY	AUG	AUGUST
MAR	MARCH	SEP	SEPTEPBER
APR	APRIL	OCT	OCTOBER
MAY	MAY	NOV	NOVEMBER
JUN	JUNE	DEC	DECEMBER

🛳 **표 5-4_ 항공사 코드**

CODE	AIRLINE	CODE	AIRLINE	CODE	AIRLINE
KE	KOREAN AIR	AA	AMERICAN AIRLINES	GA	GARUDA INDONESIA
OZ	ASIANA AIRLINES	AC	AIR CANADA	HA	HWAIIAN AIRLINES
7C	JEJU AIR	AF	AIR FRANCE	JL	JAPAN AIRLINES
TW	TWAY AIR	AY	FINN AIR	KL	KLM ROYAL DUTCH
LJ	JIN AIR	BA	BRITISH AIRWAYS	LH	LUFTHANSA
BX	AIR BUSAN	CA	AIR CHINA	MH	MALAISIA AIRLINES
ZE	EASTA JET	CI	CHINA AIRLINES	NH	ALL NIPPON AIRWAYS
RS	AIR SEOUL	CX	CATHAY PACIFIC	PR	PHILIPPNE AIR
4V	FLY GANGWON	CZ	CHINA SOUTHERN	SQ	SINGAPORE AIRLINES
YP	AIR PREMIA	DL	DELTA AIRLINES	TG	THAI AIRWAYS
RF	AERO K	EK	EMIRATES AIRLINES	VN	VIETNAM AIRLINES

🛳 **표 5-5_ 국내 도시 코드**

CODE	CITY	CODE	CITY
CJJ	CHEONGJU	PUS	PUSAN
CJU	JEJU	RSU	YEOSU
HIN	JINJU	SEL	SEOUL
KAG	GANGNEUNG	SHO	SOKCHO
KPO	POHANG	TAE	DAEGU
KUV	GUNSAN	USN	ULSAN
KWJ	GWANGJU	YEC	YECHEON
MPK	MOKPO	YNY	YANGYANG

표 5-6_ 주요 도시 코드

CODE	CITY	CODE	CITY
AMS	AMSTERDAM	NYC	NEW YORK
BKK	BANGKOK	OSA	OSAKA
CHI	CHICAGO	PAR	PARIS
FRA	FRANKFURT	ROM	ROME
FUK	FUKUOKA	SEA	SEATTLE
GUM	GUAM	SFO	SAN FRANCISCO
HKG	HONGKONG	SGN	HO CHI MINH CITY
JKT	JAKARTA	SHA	SHANGHAI
KUL	KUALA LUMPUR	SIN	SINGAPORE
LON	LONDON	SYD	SYDNEY
MNL	MANILA	TYO	TOKYO

표 5-7_ 복수 공항 코드

CITY	CODE	AIRPORT
NYC	JFK	JOHN F KENEDY
	EWR	NEWYARK
	LGA	LA GUARDIA
PAR	CDG	CHARLES DE GAULIE
	ORY	ORLY
LON	LHR	LONDON HEATHROW
	LGW	LONDON GATWICK
OSA	KIX	KANSAI
	ITM	ITAMI
TYO	NRT	NARITA
	HND	HANEDA
SEL	ICN	INCHEON
	GMP	GIMPO

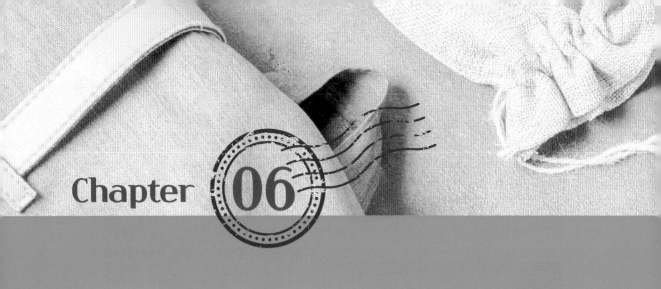

Chapter 06

여행 수속 업무

06 여행 수속 업무

1 여권 수속 업무

우리나라는 1983년부터 만 50세 이상에 한해 여행 목적의 여권이 발급되었고, 1987년부터 만 45세, 1988년 1월에는 만 40세, 7월에는 만 30세로 내려가는 과정을 거쳐 1989년1월 해외여행 완전 자유화 시행으로 인하여 대한민국 국민이면 누구나 여권을 발급받을 수있게 되었다. 우리나라의 여권은 일반 여권, 관용 여권, 외교관 여권으로 구분하고, 여권 발급일로부터 1년 1회에 한해 출국이 가능한 단수여권과 기간 내 횟수 제한이 없는 10년 유효한복수 여권으로 구분한다. 그리고 국제민간항공기구(ICAO)의 권고에 의해 2008년 8월부터 전자 여권을 도입했다. 여행업의 국외 여행 업무 중 해외 출국 시 가장 기초적인 업무는사증이 필요한 국가의 사증(VISA) 발급을 위한 제반 수속 업무와 여행객을 위한 부수적인수속 서비스 업무를 포함하고 있다.

출처: 외교부 홈페이지

🎐 **그림 6-7_** 발급 목적에 따른 여권 종류(여권법 제4조 제1항)

1 여권 사진 규격 안내

여권 사진의 규격은 국제민간항공기구(ICAO)에서 정한 기준을 따르고 있다. 여권은 해외여행 시 인정되는 유일한 신분증으로 여권 사진은 본인임을 확인하는 데 매우 중요한

🎐 **그림 6-8_** 사진 전체 체크 리스트

요소이다. 여권 사진은 여권 발급 신청일 전 6개월 이내 촬영된 사진으로 본인임을 확인할 수 있도록 실제 소지인을 그대로 나타내어야 하며 변형해서는 안 된다. 여권 사진 규격에 적합하지 않은 사진을 제출하여 여권 접수가 지연 또는 반려되거나 출입국 심사(자동 출입국 시스템 포함) 시 불편을 겪지 않도록 기준에 맞는 적합한 사진을 제출해야 한다.

• 머리 길이가 3.2~3.6cm 사이가 아님
• 캐치라이트(빛 반사)가 눈동자 윤곽에 걸쳐 있어 눈동자가 파임

• 사진 편집 기능을 사용하여 머리 길이 및 얼굴 크기 왜곡
• 조명이 지나치게 밝음

• 배경을 인위적으로 제거하여 어색함
• 얼굴을 근접 촬영하여 실물과 다르게 보임
• 치아가 보이고 무표정이 아님

🦋 **그림 6-9_** 사진 크기, 배경

• 전체적으로 조명이 균일하지 않음
• 머리카락이 얼굴 윤곽 (광대, 볼 등)을 가림
• 배경색이 흰색이 아님

• 부적절한 조명을 사용하여 원래 피부색과 다름
• 배경을 인위적으로 제거하여 어색함

• 부적절한 조명을 사용하여 원래 피부색과 다름
• 흐릿한 저해상도 사진, 저품질 사진

🦋 **그림 6-10_** 사진 품질, 조명(그림자)

- 어깨 방향이 정면이 아님
- 무표정이 아님

- 머리카락이 얼굴 윤곽 (광대, 볼 등)을 가림
- 치아가 보이고 무표정이 아님

- 머리카락이 얼굴 윤곽 (광대, 볼 등)을 가림
- 머리를 앞으로 숙임

그림 6-11_ 얼굴 방향, 표정

- 머리띠가 정수리를 가림 배경색이 흰색이 아님
- 얼굴이 옆으로 기울어짐

- 이어폰 착용 조명이 밝아 빛 반사가 심함
- 안경테가 눈과 겹침

- 스카프가 얼굴 윤곽을 가림
- 조명이 어두워 얼굴에 그림자가 있음

그림 6-12_ 의상, 장신구

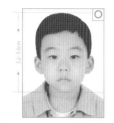   

- 사물이 노출됨
- 배경에 음영이 있음
- 부적절한 조명을 사용하여 원리 피부색과 다름
- 얼굴 방향이 정면이 아님

- 시선이 정면을 향하지 않음
- 입을 벌림
- 조명이 어두워 얼굴에 그림자가 있음

- 눈을 감음
- 혀를 내밂
- 어깨가 정면을 향하고 있지 않음

🖋 **그림 6-13_ 영유아**

② 전자 여권

국제민간항공기구(ICAO)의 권고에 따라 전자 칩과 안테나를 추가하고 내장된 전자 칩에 개인 정보 및 바이오 인식 정보(얼굴 사진)를 저장한 여권. 우리나라에서는 관용 및 외교관 여권은 2008년 3월 1일부터, 일반 여권은 2008년 8월 25일부터 전자 여권이 발급되었고, 전자 여권에는 여권 번호, 성명, 생년월일 등의 개인 정보가 개인 정보면, 기계 판독 영역 및 전자 칩에 총 3중으로 저장되어 여권의 위변조가 어렵다. 특히 전자 칩 판독을 통하여 개인 정보면 기계 판독 영역 조작 여부를 손쉽게 식별할 수 있다.

* 전자 여권임을 나타내는 로고가 표지에 표시되어 있습니다.

• 일반 전자 여권은 표지에 로고와 함께 여권 번호가 M으로 시작합니다.
• 표지를 심하게 휘거나 스테이플러를 찍을 경우 내장된 칩과 안테나가 훼손될 수 있으니 취급에 주의하시기 바랍니다.

그림 6-14_ 전자 여권

③ 기계 판독 영역

기계 판독 영역(MRZ: Machine Readable Zone)은 출입국 심사를 받을 때 기계가 읽어내는 부분으로 여권의 개인 정보면 하단에 여러 가지 로마자, 숫자, 꺾쇠 표시가 규칙적으로 표시되어 있다. 이 영역에는 여권 번호, 성명, 여권 만료 일자 등 개인 정보가 수록되어 있다.

• 기계 판독 영역에는 개인 정보면상의 정보들이 한 번 더 수록되어 있어 위변조가 어려우며, 보다 빠르고 정확한 출입국 심사가 가능합니다.
• 여권 소지 시에는 개인 정보면의 사진, 생년월일뿐만 아니라 위와 같은 기계 판독 영역도 노출되지 않도록 유의해야 합니다.

그림 6-15_ 기계 판독식 여권

4 차세대 전자 여권

1) 표지 디자인

- 표지 색상 변경: 녹색 → 남색
- 표지 및 사증란 디자인에 한국의 상징적 이미지와 우리 문화유산 활용
- 전문가 심사 및 국민 여론 조사를 통하여 국민이 선택한 디자인
- 다양한 물리적·디지털 보안 요소 적용

그림 6-16_ 표지 디자인

2) 개인 정보면

- 개인 정보면이 종이 재질에서 내구성 및 보안성이 강화된 폴리카보네이트* 재질로 변경
- 여권 번호 체계 변경: 기존 숫자 조합(8자리)에서 숫자(7자리)와 영문자(1자) 조합 예) M12345678 → M123A4567
- 개인 정보면의 일자 표기 방식 변경[한국어/영문 월(月) 병기] 예) 20 DEC 2021 → 20 12월/DEC 2021
- 개인 정보 보호 강화: 주민번호(뒷자리) 표기 제외

★ polycarbonate: 내구성, 내충격성 및 내열성 등을 갖춘 플라스틱의 일종으로, 가볍고 충격에 강하며 레이저로 각인하기 때문에 보안성이 강한 것이 특징

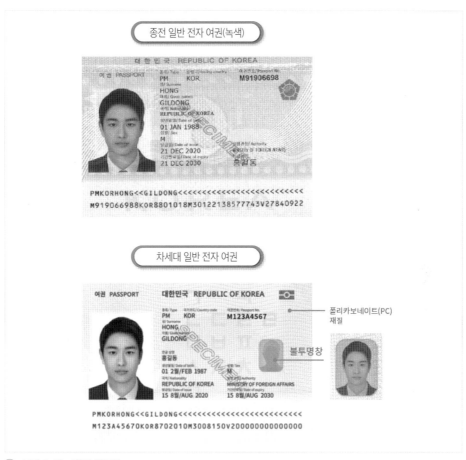

② 그림 6-17_ 개인 정보면

3) 사증면

- 선사 시대부터 조선 시대까지 시대별 유물을 배경으로 한 사증면 디자인
- 복수 여권은 58면 또는 26면, 단수 여권은 14면으로 사증면 수 확대
- 사증면 수 확대로 사증란 추가 제도 폐지

구 분	종전 일반 전자 여권(녹색)			차세대 일반 전자 여권		
	복수		단수	복수		단수
면수	24면	48면	12면	26면	58면	14면

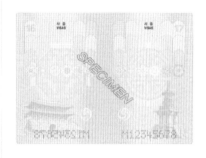

| 종전 일반 전자 여권(녹색) | 차세대 일반 전자 여권 |

그림 6-18_ 사증면

5 달라진 여권 행정 서비스

1) 사증란 추가 폐지

차세대 전자 여권의 여권 면수가 증가됨에 따라 여권의 사증란이 부족할 때 추가하는 책자형 사증란 부착 제도가 폐지되었다.

2) 개별 우편 배송 서비스

국내 민원 창구를 방문하여 여권을 신청한 경우 여권 수령 방법으로 개별 우편 배송을 선택할 수 있으며, 이 경우 조폐공사에서 제작 발급된 여권은 우체국 택배로 발송된다.(비용 별도 부담)

3) 출생지 기재

민원인이 별도 신청 시 여권 추가 기재란에 출생지(도시명) 표기(영문)가 가능하다.(비용 별도 부담)

② 비자VISA 수속 업무

여권이 자국에서 외국 여행을 할 수 있는 자격을 부여하는 신분증이라고 한다면 비자는 외국 여행 시 입국하려고 하는 국가에서 발행하는 사전 입국 허가증이다. 비자는 여행자가 소지하고 있는 여권의 유효 기간과 방문 목적의 적절성 등 자국에서의 입국 및 체재에 체제에 대해 심사 또는 인터뷰 등을 거쳐 해당 국가의 대사관이나 영사관에서 발급하는 일종의 입국 허가증이다. 비자(VISA)를 우리말로 사증이라고 하며, 방문하고자 하는 모든 국가에 대한 비자 취득이 필요한 것

은 아니다. 서류 준비 및 인터뷰 등의 번거로움을 없애기 위해 국가와 국가 간에 '사증 면제 협정'을 맺은 나라를 방문하게 되는 경우에는 비자를 발급받을 필요가 없다. 이와 같이 비자 면제 협정을 체결한 나라의 경우에는 국가에 따라 무비자(No Visa) 방문 기간에 차이가 있으므로 사전에 확인할 필요가 있다.

① 중국 비자

중국 비자는 2018년 8월부터 주한 중국 대사관 영사부, 주부산 총영사관, 주광주 총영사관, 주제주 총영사관 영사 인증의 경우 중국 비자 신청 서비스 센터에서 대행 업무를 하고 있다. 본인 혹은 대리인(여행사) 신청이 가능하며 비자 센터 선택 후 구비 서류를 준비하여 인증을 신청한다. 비자 센터는 서울(2곳), 부산, 광주. 제주 등 5곳에 개설되어 있다.

인증 대행 업무를 실행 후 비자 센터는 안내, 접수, 수납, 발급 등의 업무만을 대행하며, 인증 심사 및 신청인 제출 서류에 대한 인증 가능 여부는 중국 영사부에서 결정한다. 비자 센터에서 지불해야 하는 비자 비용은 별도로 수수료를 받고 있다.

🚌 **표 6-1_** 중국 비자 발급 소요 기간과 요금

비자 종류	보통(영업일 4일)	급행(영업일 3일)	특급(영업일 2일)
1차	35,000	50,000	70,000
2차	53,000	73,000	88,000
반년 복수	70,000	94,000	105,000
1년 및 1년 이상 복수	100,000	124,000	135,000
단체 비자	15,000	27,000	32,500

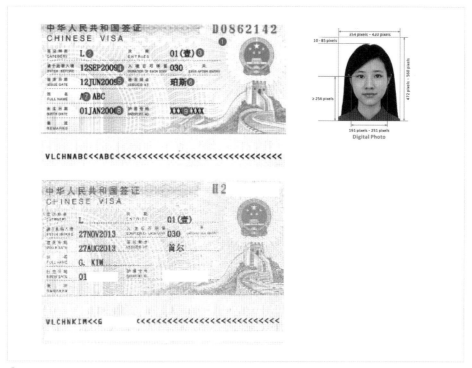

📷 그림 6-19_ 중국 비자 샘플

② 미국 무비자 입국

미국을 방문하기 위해서는 비자를 발급받거나 '전자여행허가(ESTA: Electronic System of Travel Authorization)'를 취득해야 하며 ESTA(https://esta.cbp.dhs.gov)에 접속해서 절차에 따라

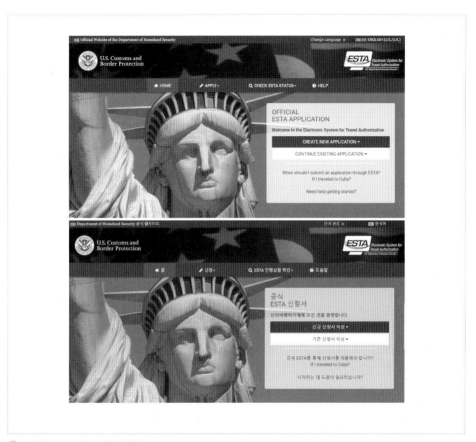

🌀 그림 6-14_ ESTA 신청 화면

작성한 후 신청 수수료 USD21를 지불해야 한다.

2008년 이전에는 미국을 방문하기 위해서는 주한 미국 대사관을 방문해 인터뷰 등의 복잡한 절차를 거쳐 비자를 발급받아야만 했지만, 2008년 11월 17일 우리나라가 미국의 '비자 면제 프로그램(VWP: Visa Waiver Program)'에 가입함으로써 우리나라 국민은 인터넷에서 간단한 등록 절차를 거쳐 ESTA를 발급받는 것만으로 비자 없이 미국을 방문할 수 있게 되었다. 단 ESTA는 전자 여권에만 적용되며, 전자여권이 아닌 여권은 별도의 비자를 받아야 한다. VWP는 미국 정부가 국경 보안, 출입국 관리, 비자 거부율 등을 감안하여 약 30~40개국에게 90일간 관광, 상용 등의 목적으로 비자 없이 입국과 체류를 할 수 있는 가입국 지위를 부여하고 있는 제도이다. VWP 가입국이 되었다고 해서 그 지위가 계속

유지되는 것은 아니며, 미 정부에서 2년마다 가입국의 대테러 대책, 출입국 관리 및 여권 관리 현황, 불법 체류와 입국 거부 비자 숫자 등을 감안하여 지위 연장 여부를 결정하게 된다.

3 솅겐 협약

유럽연합(EU) 26개 국가들이 여행과 통행의 편의를 위해 체결한 협약으로서 솅겐 협약 (Schengen agreement) 가입국을 여행할 때는 마치 국경이 없는 한 국가를 여행하는 것처럼 자유로이 이동할 수 있다.

솅겐 협약에 가입한 26개 국가로 는 그리스, 네덜란드, 노르웨이, 덴마 크, 독일, 라트비아, 룩셈부르크, 리투 아니아, 리히텐슈타인, 몰타, 벨기에, 스위스, 스웨덴, 스페인, 슬로바키아, 슬로베니아, 아이슬란드, 에스토니 아, 오스트리아, 이탈리아, 체코, 포르 투칼, 폴란드, 프랑스, 핀란드, 헝가리 등이 있다.

솅겐 협약 가입국 여행 시 유의 사항은 유럽 지역 내에서는 별도의 출입국 심사가 없기 때문에 체류 사실이 여권상에 표기되지 않는다는 것이다. 따라서 체류 사실 증명 자료인 체류허가서/교통/숙박/신용카드 영수증 및 관련 서류 등을 반드시 여행이 끝날 때까지 보관하고 여행 중이나 출국 시 휴대해야 한다.

솅겐 회원국 외의 국민은 솅겐 협약 가입국에 입국하고자 할 경우 처음 입국한 국가에 서만 심사를 받고, 일단 역내에 들어서면 6개월 이내 최대 90일까지 회원국의 국경을 자 유롭게 넘나들 수 있다. 즉, 첫 입국일을 기준으로 하여 6개월(180일) 이내에는 최대 90 일을 초과하면 솅겐 협약국 내의 입국이 허용되지 않으므로 해당 국가의 비자를 받아야 한다.

④ 워킹홀리데이

노동력이 부족한 나라에서 외국의 젊은이들에게 1년간 특별 비자를 발급하여 입국을 허용하고 취업 자격을 주는 제도이다. 협정 체결국 청년들이 상대 체결국을 방문하여 일정 기간 동안 여행, 어학 연수, 취업 등을 하면서 그 나라의 문화와 생활을 체험할 수 있다. 우리나라는 현재 23개 국가 및 지역과 워킹홀리데이(Working Holiday) 협정 및 1개 국가와 청년교류 제도(YMS) 협정을 체결하고 있다. 네덜란드, 뉴질랜드, 대만, 덴마크, 독일, 벨기에, 스웨덴, 아일랜드, 오스트리아, 이스라엘, 이탈리아, 일본, 체코, 칠레, 캐나다, 포르투칼, 프랑스, 헝가리, 호주, 홍콩, 스페인, 아르헨티나, 폴란드 워킹홀리데이와 영국 청년 교류 제도에 참여할 수 있다. 워킹홀리데이 비자를 통해 상대 국가 지역 방문 시 통상 12개월 동안 체류가 가능하고, 호주 같은 경우 특정 업무에 일정 기간 동안 종사할 경우 추가로 12개월 연장해서 체류할 수 있는 비자를 발급한다. 참가자 쿼터는 우리나라와 협정을 맺은

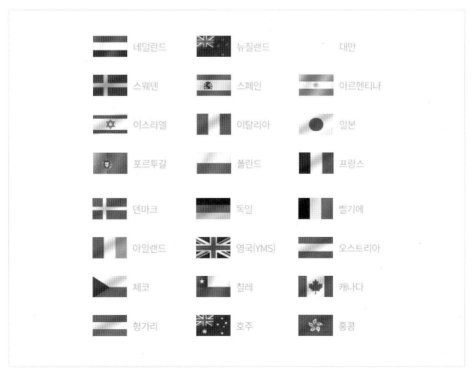

네덜란드   뉴질랜드   대만
스웨덴   스페인   아르헨티나
이스라엘   이탈리아   일본
포르투갈   폴란드   프랑스
덴마크   독일   벨기에
아일랜드   영국(YMS)   오스트리아
체코   칠레   캐나다
헝가리   호주   홍콩

🪁 **그림 6-15_** 워킹홀리데이 협정 국가

국가의 지역별로 차이가 있다. 참가자가 무제한인 국가도 있지만, 최대 100명만 참가할 수 있는 국가도 있다. 참가 자격은 대부분 18~30세의 청년으로 부양 가족이 없고 신체가 건강하며 범죄 경력이 없는 것 등을 자격 조건으로 두고 있지만, 언어 능력으로 참가 자격의 제한을 두고 있지 않다.

워킹홀리데이 비자는 국가별로 평생 단 한 번만 받을 수 있는 비자이며, 학생 비자나 관광 비자와 같이 어학 연수와 관광도 할 수 있으면서 합법적으로 단기 취업이 가능한 비자이다. 우리나라 외교부는 워킹홀리데이 인포센터를 운영하고 있으며, 참가하고자 하는 청년들에게 일자리 정보, 안전 정보, 어학 연수 정보, 관광 정보 등 각 나라별로 다양한 정보를 홈페이지(whic.mofa.go.kr)를 통해 제공하고 있다.

표 6-2_ 워킹홀리데이 참가자 현황 (단위:명)

연 도	호 주	캐나다	뉴질랜드	일 본	프랑스	독 일	아일랜드	스웨덴
2005	17,706	800	797	1,800	–	–	–	–
2006	24,007	800	1,071	3,600	–	–	–	–
2007	28,562	800	2,050	3,600	–	–	–	–
2008	32,635	2,010	1,901	3,600	–	–	–	–
2009	39,505	4,020	1,901	7,200	154	188	–	–
2010	34,870	4,100	1,800	7,200	185	582	400	–
2011	30,527	3,913	1,881	6,319	152	839	359	38
2012	34,234	4,069	1,803	5,856	205	1,084	400	44
2013	33,284	3,373	1,805	5,102	284	1,074	400	42
2014	24, 146	3,751	1,803	3,254	335	1,510	400	46
2015	24,568	3,792	1,801	3,194	400	2,037	400	47
2016	21,854	3,800	2,953	3,681	429	2,146	400	99
2017	22,241	4,708	3,119	5,101	490	2,332	600	104
2018	22,118	4,053	2,973	6,534	458	2,099	600	94
2019	19,310	3,997	3,129	5,903	451	2,154	600	취합중

연 도	계
2005	21, 103
2006	29,478
2007	35,012
2008	40, 146
2009	52,968
2010	49, 137
2011	44,278
2012	48,496
2013	46,763
2014	37,373
2015	38,475
2016	37,671
2017	41,459
2018	41,250
2019	38,245

3 공항 수속 업무

1 출국 수속

여행객이 해외여행을 하기 위한 출국 절차는 탑승 수속 → 수화물 보안 검사 → CIQ(Customs Immigration Quarantine) 통과 → 탑승의 순서로 이루어진다.

인천 국제 공항은 2018년 1월 18일 제2 터미널이 완공되어 여객 청사가 2개로 운영되므로 특별히 출입국 수속에 주의해야 한다. 1청사(T1)와 2청사(T2) 출발 도착 항공사가 정해

제1여객터미널

Vietnam Airlines 베트남항공	Vietjet.Air.com 비엣젯항공	SHANGHAI AIRLINES 상하이항공	cebu pacific 세부퍼시픽항공	scoot 스쿠트타이거항공
AIR SEOUL 에어서울	에어아시아엑스	EASTAR JET 이스타항공	JEJUair 제주항공	中國南方航空 중국남방항공
中國東方航空 CHINA EASTERN 중국동방항공	春秋航空 SPRING AIRLINES 춘추항공	타이에어아시아엑스	t'way 티웨이항공	peach 피치항공
HKexpress 홍콩익스프레스	Lao Airlines 라오항공	ROYAL BRUNEI 로얄브루나이항공	Lufthansa 루프트한자 독일항공	malaysia 말레이시아 항공
MIAT 몽골항공	MAI 미얀마국제항공	Batik air 바틱 에어 말레이시아	SAUDIA 사우디아항공	四川航空 사천항공
산동항공	SKY ANGKOR AIRLINES 스카이 앙코르 항공	Shenzhen Airlines 심천항공	SINGAPORE AIRLINES 싱가포르항공	American Airlines 아메리칸항공
ASIANA AIRLINES 아시아나항공	Emirates 에미레이트항공	EVA AIR 에바항공	AIR NEW ZEALAND 에어 뉴질랜드	air astana 에어 아스타나
에어로 몽골리아	AIR MACAU 에어마카오	AIR BUSAN 에어부산	AIR INDIA 에어인디아 리미티드	AIR PREMIA 에어프레미아
Ethiopian 에티오피아항공	ETIHAD 에티하드 항공	UZBEKISTAN airways 우즈베키스탄항공	UNITED 유나이티드항공	Jetstar 젯스타
AIR CHINA 중국국제항공	ZIPAIR 집에어	천진항공	QATAR 카타르항공	AIR CANADA 캐나다항공
CATHAY PACIFIC 캐세이퍼시픽항공	QANTAS 콴타스항공	tigerair 타이거에어 타이완	THAI 타이항공	TURKISH AIRLINES 터키항공
LOT 폴란드항공	FINNAIR 핀에어	Air Asia 필리핀에어아시아	Philippine Airlines 필리핀항공	HAWAIIAN 하와이안 항공
HONGKONG AIRLINES 香港航空 홍콩항공				

제2여객터미널

KLM KLM네덜란드항공	Garuda Indonesia 가루다인도네시아	KOREAN AIR 대한항공	DELTA 델타항공	XIAMENAIR 샤먼항공
AIRFRANCE 에어 프랑스	CHINA AIRLINES 중화항공	JIN AIR 진에어		

출처: 인천 국제 공항

⊚ 그림 6-16_ 인천 국제 공항 터미널별 취항 항공사

져 있기 때문이다. T2는 대한항공(KE)를 비롯하여 SKY TEAM 항공사 동맹체 중 델타항공(DL), 에어프랑스(AF), KLM네덜란드항공(KL), 에이로멕시코(AM), 가루다인도네이시아항공(GA), 중화항공(CI), 샤먼항공(MF), 진에어(LJ) 등이 제2 여객 청사를 이용하고 있다.

T1은 아시아나항공(OZ), 저비용 항공사, 외국 항공사 등이 제1 여객 청사를 이용하고 있으며 여행사에서는 혼동하지 않도록 이용 항공사를 잘 파악하여 여객 터미널을 안내해야 한다.

1) 탑승 수속(Check-In)

여행객이 수화물과 항공 여행에 관한 관계 서류를 소지하고 항공사 탑승 수속 카운터로 가서 좌석 배정과 수화물의 운송을 의뢰하는 것이다.

탑승 수속에서 항공사 직원에게 제시해야 할 서류는 여권 및 비자, 항공권, 출국 신고서, 제반입 조건의 휴대 반출물 소지 여부, 병무 신고서 등이다.

🎈 그림 6-17_ 탑승권 실물 사진

2) CIQ(Customs Immigration Quarantine) 통과

❶ 수하물 보안 검사

여행객이 항공사에 수하물로 취급하도록 요청한 위탁 수하물은 수하물 속에 무기류와 폭발성 및 인화성이 있는지를 관계자의 확인하에 X-ray기를 통해 보안 검사를 받게 된다. 여행객이 휴대 관리하는 수하물은 CIQ 통과 시에 별도로 보안 검색을 받게 된다.

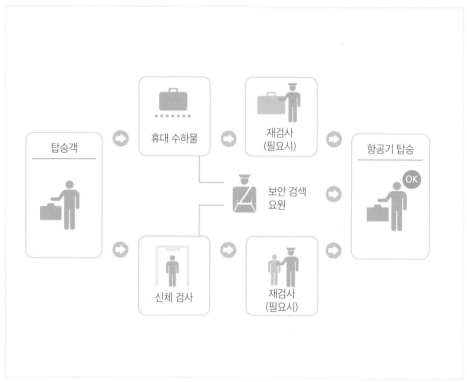

탑승객 → 휴대 수하물 → 재검사
(필요시) → 항공기 탑승
보안 검색
요원
OK
신체 검사 → 재검사
(필요시)

🏵 **그림 6-18_** 검색 절차

❷ 세관 검사

국외 여행 시 고급 시계, 보석류 등의 고가품 및 귀중품은 출국 전에 필히 세관에 신고해야 하며, 이 과정에서 세관 양식인 휴대 물품 반출신고서를 발급 받아야 입국 시에 해당물품에 대해 면세 혜택을 받을 수 있다.

❸ 출국 심사

여행객이 출국하기 위한 자격 또는 구비 서류는 여권, 탑승권(Boarding Pass)이다. 이 절차에서 확인되는 사항은 여권 유효 기간, 출국자의 적법성 여부, 여권상의 성명과 소지자의대조 확인 등이다. 일부 국가를 여행할 경우에는 국제 공인 예방 접종 증명서(Yellow Card)를 제시해야 하며 동식물의 통관 시에는 통상적으로 사전에 검역 절차를 마쳐야 한다.

⊚ 그림 6-19_ 자동 출국 심사 등록 센터

⊚ 그림 6-20_ 심사 절차

3) 탑승(Boarding)

여행객은 항공사로부터 탑승하라는 장내 방송에 따라 지정된 탑승구(Gate)로 가서 항공사 직원에게 탑승권을 제출하고, 좌석 번호가 기재되어 있는 탑승권만 되돌려 받는다. 기내로 들어가 지정 좌석에 찾아가면 탑승은 완료된다.

2 입국 수속

1) 검역 심사

여행을 마치고 돌아오는 여행객들이 종자류, 묘목, 과실류, 채소류, 곡류, 목재류 등과 같은 식물류를 휴대하거나 개, 고양이, 조류, 가축, 알 등과 같은 동물류를 동반하여 입국할 경우에는 식물류는 국립 식물검역소에, 동물류는 국립 동물검역소에서 각각 검역을 받아야 한다.

2) 입국 심사

입국하는 여행객에 대하여 유효한 여권 및 비자의 소지 확인, 입국 목적 확인, 입국 제한자 여부를 확인하고 입국을 허용하는 것이다. 비자 미소지자, 여권 유효 기간 만료자, 비자 목적과 달리 입국하는 자 등과 같은 입국 자격 사유가 있는 자는 입국을 거절한다.

3) 위탁 수화물 회수

위탁 수화물 회수 시에는 수하물 상태가 탁송 의뢰서와 동일한지를 확인해야 한다. 만일 수하물이 분실 또는 파손된 경우에는 즉시 항공사 직원에게 통보하고 배상 조치를 요구한다.

4) 세관 검사

12세 미만을 제외한 모든 여행객은 목적지 도착 전에 기내에서 배부하는 여행객 휴대품 신고서에 해당 사항을 기입하여 세관 검사 시 검사원에게 제출해야 한다. 여행객 휴대품 신고서는 1인 1장을 원칙으로 작성하지만, 동반자가 있는 경우에는 대표자 1인이 1장으로 작성하고, 동반자 수 란에 동반 인원을 기재하여 제출하면 된다.

🍥 그림 6-20_ 여행자 휴대품 신고서 양식

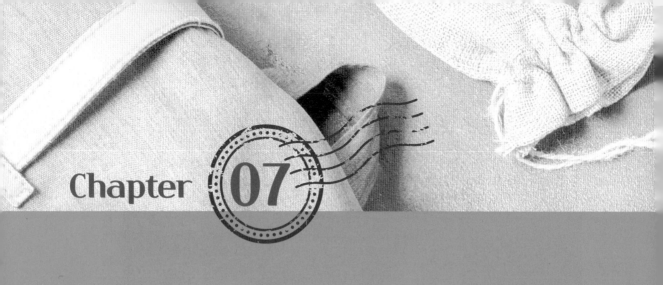

Chapter 07

국외 여행 안내 업무

1. 여행 안내사

07 국외 여행 안내 업무

1 여행 안내사

1 여행 안내사란

여행 안내사의 정확한 개념은 아직 정립된 것이 없다. 흔히 관광 가이드로 지칭되며 관광진흥법에는 국내 여행 안내사, 국외 여행 인솔자, 관광 통역 안내사, 문화 관광 해설사 등 총 4개로 직군을 정하고 있다.

2 여행 안내사의 종류

국내 여행 안내사는 우리나라 사람이 우리나라 영토에서 여행할 때 안내자 역할을 하는 가이드이다. 예를 들면 A대학 관광 전공 대학생 100명이 버스 3대로 대한민국 테마 여행 10선 중 '1권역 평화 역사 이야기 여행'에 해당하는 인천, 파주, 수원, 화성 등을 관광 답사할 때 안내해 주는 가이드가 국내 여행 안내사이다.

국외 여행 인솔자는 우리나라 사람이 국외 여행할 때 안내자 역할을 하는 가이드이다. 참좋은여행의 동유럽 5개국(오·체·슬·독·헝) 9일 여행 상품을 25명이 여행할 때 인솔하는 가이드가 국외 여행 인솔자이다.

관광 통역 안내사는 외국인이 우리나라 영토에서 여행할 때 안내자 역할을 하는 가이드이다. 태국 관광객 20명이 우리나라 평화 안보 관광을 목적으로 경기도 파주 임진각에서 DMZ 투어를 할 때 안내하는 가이드가 관광 통역 안내사이다. 문화 관광 해설사는 기초 자치 단체 시군구 지역 관광 안내를 담당하는 가이드를 말한다.

③ 자격 기준

1) 국내 여행 안내사(Domestic Tour Guide)

국내를 여행하는 국민 관광객을 대상으로 여행 일정 계획, 여행 비용 산출, 숙박 시설 예약, 명승지나 유적지 안내 등 여행에 필요한 각종 서비스를 제공하는 사람이다. 관련 부처는 문화체육관광부이며, 시행기관은 한국산업인력공단이다. 특별한 사유가 없는 한 매년 1회 시험이 있으며 일반적으로 9월부터 접수를 시작해서 최종 합격자 발표는 12월까지 진행된다. 응시 자격은 제한이 없으며 시험 과목과 배점, 합격 기준은 다음 표와 같다.

표 7-8_ 국내 여행 안내사 시험 과목, 배점, 합격 기준

구분	시험 과목	배점 비율	문항 수	시험 시간	시험 방법
1차 시험	1. 국사(근현대사 포함)	30%	15	100분 (09:30~11:10)	객관식 4지 선택형
	2. 관광 자원 해설	20%	10		
	3. 관광 법규	20%	10		
	4. 관광학개론	30%	15		
	합격: 매 과목 4할 이상이고 전 과목 점수가 배점 비율로 환산하여 6할 이상				
2차 시험	국가관, 사명감 등 정신 자세, 전문 지식과 응용 능력, 예의, 품행 및 성실성, 의사 발표의 정확성과 논리성 등				면접형
	합격: 총점의 6할 이상을 득점한 자 합격				

자료: www.q-net.or.kr

경력과 전년도 1차 시험 합격자 등은 필기 시험이 면제이다. 경력 인정은 고등교육법에 따른 전문 대학 이상의 학교에서 관광 분야 학과(학과명에 '관광' 문구가 포함), 관광 법규 및 관광학개론을 포함한 해당 학과의 전공 과목을 30학점 이상 이수하고 졸업한 자(졸업 예정자 및 관광 분야 과목을 이수하여 다른 법령에서 이와 동등한 학력을 취득한 자를 포함), 여행 안내사와 관련된 업무에 2년 이상 종사한 경력이 있는 자, 초중등 교육법에 따른 고등학교나 고등 기술학교를 졸업한 자 또는 다른 법령에서 이와 동등한 학력이 있다고 인정되는 교육 기관에서 관광 분야의 학과를 이수하고 졸업한 자(졸업 예정자 포함)에 대하여 필기 시험을 면제하고 있다. 전년도 1차 시험 합격자는 1차 시험에 합격하고 2차 시험에 불합격한 자에 대하여 다음 회 시험에만 필기 시험을 면제한다. 응시 수수료는 1, 2차 20,000원이나.

2) 관광 통역 안내사(Tourist Guide)

국내를 여행하는 외국인에게 외국어를 사용하여 관광지 및 관광 대상물을 설명하거나 여행을 안내하는 등 여행의 편의를 제공하는 사람이다. 관련 부처는 문화체육관광부이며, 시행 기관은 한국산업인력공단이다. 특별한 사유가 없는 한 매년 1회 시험이 있으며 일반적으로 7월부터 접수를 시작해서 최종 합격자 발표가 12월까지 진행된다. 응시 자격은 제한이 없으며 시험 과목과 배점, 합격 기준, 외국어 시험 등은 다음 표와 같다.

표 7-9_ 관광 통역 안내사 시험 과목, 배점, 합격 기준

구분	교시	시험 과목	배점 비율	문항 수	시험 시간	시험 방법
1차 시험	1	1. 국사(근현대사 포함)	40%	25	50분 (09:30~10:20)	객관식 4지선택형
		2. 관광 자원 해설	20%			
	2	3. 관광 법규	20%	25	50분 (10:50~11:40)	
		4. 관광학개론	20%			
2차 시험	1. 국가관, 사명가 등 정신 자세 2. 전문 지식과 응용 능력 3. 예의, 품성 및 성실성 4. 의사 발표의 정확성과 논리성				1인당 10~15분 내외	면접형
	합격: 총점의 6할 이상을 득점한 자 합격					

자료: www.q-net.or.kr

표 7-10_ 관광 통역 안내사 외국어 시험 공인 어학 점수 기준

영어	TOEIC	TEPS		TOEFL		G-TELP (Level 2)	FLES
		구 TEPS	신 TEPS	CBT	IBT		
	760점 이상	677점 이상	372점 이상	217점 이상	81점 이상	74점 이상	776점 이상

일본어	JPT	일검(NIKKEN)		FLEX		JLPT	
	740점 이상	750점 이상		776점 이상		N1 이상	

중국어	HKS	FLEX	BCT		CPT	TOP(TOCFL)	
	5급 이상	776점 이상	듣기/읽기 601점이상	듣기/읽기/쓰기 181점이상	750점 이상	5급(유리) 이상	

기타	불어		독일어	스페인어		러시아어	
	FLEX	DELF	FLEX	FLEX	DELE	FLEX	TORFL
	776점 이상	DELF B2 이상	776점 이상	776점 이상	B2 이상	776점 이상	1단계 이상

• 시험은 정기 시험만 인정하며 응서 원수 접수 마감일 기준 2년 이내에 시행된 시험에서 취득한 점수에 한함
• FLEX는 듣기, 읽기 영역만 포함

자료: www.q-net.or.kr

3) 국외 여행 인솔자(Tour Conductor)

여행사가 기획하고 주최하는 국외 단체 관광객의 안전과 편의를 위하여 동행해서 관광객들이 쾌적하고 보람 있는 관광을 할 수 있도록 도와주는 인솔자이다. 관련 부처는 문화체육관광부이며 시행 기관은 한국여행업협회(KATA)이다.

국외 여행 인솔자 자격에 관해 1998년 6월 7일 제정된 후 2011년 10월 18일에 개정된 문화체육관광부 고시 제2011-37호의 "국외 여행 인솔자 교육 기관 지정 및 교육 과정 운영에 관한 요령"에 의하면 국외 여행 인솔자 교육은 소양 교육과 양성 교육으로 나뉜다. 소양 교육은 여행업체에서 6개월 이상 근무하고 국외 여행 경험이 있는 자를 대상으로 국외 여행 인솔에 필요한 지식 및 실무를 가르치는 교육 과정을 말하며, 양성 교육은 관광 관련 중등 교육(관광 고등학교 교육 과정)을 이수한 자 및 고등 교육(전문 대학 이상의 교육 과정)을 이수했거나 이수 예정인 자가 국외 여행 인솔자에 필요한 지식 및 실무를 가르치는 교육과 자격증 등록을 하면 자격증을 취득하게 된다.

교육 기관 지정은 한국관광공사 관광 아카데미, 관광 사업자 단체 또는 관광 사업자가 운영하는 교육 시설, 고등교육법 제2조에 규정된 학교(원격대학 제외), 평생교육법 제2조에 규정된 평생 교육 시설(단, 원격 대학 형태 제외) 등이다.

교육의 내용은 필수 교육 내용으로 여행사 실무, 관광 관련 법규, 국외 여행 인솔 업무, 관광 서비스 실무, 세계 관광 문화, 해외여행 안전관리 중 선택하며, 선택 교육 내용은 교육 기관 자유 선택이지만 국외 여행 인솔자 교육 과정과 관련된 교과 과정으로 편성해야 하며, 외국어 교육은 실무 영어, 실무 일어, 실무 중국어 등으로 구성된다.

교육 기관은 위의 필수 교육, 선택 교육, 외국어 교육을 기반으로 교과 과정을 편성하며 필수 50%, 선택 30%, 외국어 20%의 비중으로 구성하고, 교육 시간은 양성 교육 80시간 이상, 소양 교육 15시간 이상, 출석률 80% 이상, 소양 교육 과정 종합 시험 1회 이상으로 하고 있다.

위와 같은 규정에 의거하여 문화체육관광부 장관이 지정한 교육 기관은 전국에 54개(인하공업전문대학 포함)가 있다.

📖 표 7-11_ 국외 여행 인솔자 자격증 취득 현황

발급년도	자격증취득현황	
2023	924	1.13%
2022	1,547	1.89%
2021	2,033	2.48%
2020	1,664	2.03%
2019	4,150	5.06%
2018	4,426	5.40%
2017	4,224	5.15%
2016	4,820	5.88%
2015	6,217	7.58%
2014	4,727	5.76%
2013	4,699	5.73%
2012	4,097	5.00%
2011	2,820	3.44%
2010	2,733	3.33%
2009	2,366	2.89%
2008	3,388	4.13%
2007	2,603	3.17%
2006	2,815	3.43%
2005	3,238	3.95%
2004	3,013	3.67%
2003	2,548	3.11%
2002	2,323	2.83%
2001	2,109	2.57%
2000	1,944	2.37%
1999	3,151	3.84%
1998	3,408	4.16%
1997	1	0.00%
1996	1	0.00%
1995	5	10.01%
1986	3	0.00%
1983	2	0.00%
1982	1	0.00%
합계	82,000	

자료: 한국여행업협회(KATA) 국외 여행 인솔자 인력 관리 시스템

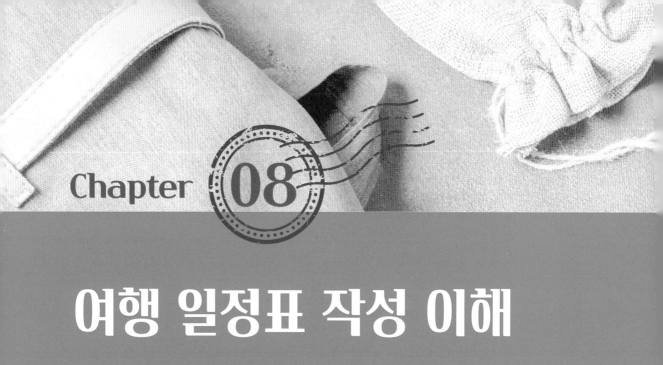

Chapter 08

여행 일정표 작성 이해

1. 여행 일정표

08 여행 일정표 작성 이해

1 여행 일정표

1 여행 일정표의 의의

여행 일정표(Itinerary)란 여행 일정을 나타내는 스케줄로 여행을 떠나기 전 여행에 관한 상세 일정을 계획하여 그 내용을 기재한 표 형식의 문서로 항공, 숙박, 교통, 음식, 관광지, 여행의 순서 등을 조화롭게 구성하여 한눈에 볼 수 있도록 작성한 일정표를 말한다.

여행 일정은 여행 조건에 영향을 받으며, 여행 기간과 장소를 명확히 명시하고 일자별 진행 일정을 표로 정리하여 기재한다. 실행 가능한 주체가 불특정인을 상대로 만든 패키지 상품을 기획한 여행사인지 인센티브 여행이나 회사에서 실시하는 보상 여행인 기업체의 주문에 의한 것인지 그리고 여행의 목적이 무엇인지 등에 따라 작성 내용에 큰 차이가 있을 수 있다.

여행 일정표 작성은 여행 업무 가운데 기본적이면서도 중요한 업무 중 하나이다. 여행객이 여행 상품을 구매할 때 가격과 함께 제일 먼저 비교하는 대상이므로 여행 상품 선택의 중요 자료가 된다. 여행객이 희망하는 여행의 조건과 일정을 감안하여 여행객의 욕구를 충족시키고 만족감이 극대화되도록 장점, 특징, 가치, 우수성 등이 잘 나타나도록 작성해야 한다.

여행 일정표는 여행사의 이미지와 직결됨에 따라서 여행사는 여행 일정표를 통해 여행객에게 여행에 대한 기대를 불러일으키고 여행의 가치와 의미를 부여해야 한다. 여행사별로 양식의 폼(Form)이 있어 다소 차이가 날 수 있으나 일반적으로 비슷한 형식과 양식으로 구성된다.

랜드사를 통하여 상품을 공급받아 현지 행사를 진행하므로 여행 일정표는 여행 상품 계약에 대한 확인서이자 증명서이다. 현지 여행 시 일정과 다르게 진행될 경우 고객과 다툼이 생길 소지가 있으므로 정확하고 세밀하게 작성해야 하며, 최종 일정표가 변경되지 않도록 해야 한다.

2 여행 일정표 작성을 위한 기본 사항

1) 여행 목적

유명 관광지를 보기 위해, 다양한 경험을 하기 위해, 일상에서 벗어나 휴양을 하기 위해 떠나는 등 여행의 목적은 다양할 것이다. 여행지를 선정할 때 볼 거리가 많은지, 여행 조건은 어떠한지 여행 목적에 맞는 여행 일정을 작성해야 한다. 여행 일정을 작성하는 사람은 여행에 관한 폭넓은 정보와 지식 및 경험을 가지고 여행객에게 목적에 적합한 목적지를 추천할 수 있다.

2) 여행 기간과 시기

여행 일시가 연휴 및 주말과 주중, 성수기인지 비수기인지에 따라 항공 요금과 호텔의 요금이 달라지기 때문에 여행 기간 및 시기는 여행 경비의 원가 산출 및 여행의 목적지와 일정을 결정하는 데 중요한 요소가 된다.

3) 여행 경험

일반적으로 여행의 재미를 느낄 수 있는 여러 가지 볼거리, 먹거리가 있는 지역은 여행 경험이 적은 사람들이 선호하며, 여행 경험이 많은 사람은 한곳에 오랫동안 머물면서 목적 여행이나 특별한 지역 또는 다른 사람이 가보지 않은 여행지를 선호하는 경향이 있다. 여행 상품의 가격이 높아도 아깝지 않은 경험을 주는 여행 상품이 많아야 한다. 취향 및 체험을 중시하는 최근의 여행 트랜드를 감안하여 여행의 경험에 따라 여행에 대한 선호도가 달라지므로 여행 일정 작성 시 여행객의 여행 경험을 염두에 두고 작성해야 한다.

4) 여행 경비

여행 경비는 여행의 목적지, 여행 기간과 시기, 여행의 조건 등에 따라 다양한 요금으로 산출이 가능하기 때문에 여행객의 경제력은 최종 여행 결정의 중요한 요소 중 하나이다. 패키지 상품의 경우 다른 여행사와 비교하여 여행 상품을 선택하는 경우가 많으나 고객의 마음을 사려면 가치 있는 정교한 여행 상품이 필요하며, 이유 있는 고가(高價)에 지갑을 열 준비가 되어 있는 고객들이 많기에 여행의 트랜드 변화에 맞는 여행객의 선택을 받을 수 있도록 경쟁력 있는 상품과 여행 경비를 산출해야 한다.

3 여행 일정표 작성 시 고려 사항

1) 여행객과 여행사의 입장

여행객의 입장에서 꼭 관광해야 하는 일정은 반드시 포함해야 하며, 일정 작성 시 고객의 입장도 이해하면서 회사의 이익에도 부합한다는 인식을 갖고 작성한다. 또한 여행 소비자의 불편한 점을 해결할 수 있는 여행의 기획력을 갖추어야 하며 여행 소비자가 실제로 원하는 여행의 테마를 상품에 반영할 수 있도록 해야 한다. 여행 일정표 작성 시 유적이나 관광 명소뿐만 아니라 소비자가 꼭 가보고 싶은 장소를 취향과 테마별로 만든 일정표를 코로나19 이후의 트랜드에 맞게 준비해야 한다.

2) 여유 있는 일정

여행 목적지의 각 나라에 따라 항공 출발 시간으로 인하여 조기 출발이나 심야에 도착하는 일정이 있으나 여행의 만족도를 높이기 위해 가급적 피하는 것이 좋다. 유럽 여행 상품 구성의 경우 하루의 대부분을 이동 시간에 보내는 경우가 있으니 이것은 피해야 한다.

여행사 간의 경쟁으로 너무 많은 관광지 방문으로 인하여 피곤한 여행이 되고 만족도 역시 떨어져 재방문의 효과도 적어진다. 해외여행 자유화 이후에는 장소와 장소를 이동하는 여행이

🖾 **몰디브 타자 액조티카 리조트 앤 스파**

였다면 지금의 트랜드는 소소하게 떠나는 감성 여행을 표방하면서 한곳을 집중적으로 여유 있게 보고 즐길 수 있는 여행을 선호하기 때문에 트랜드 변화에 맞는 여행 일정 작성이 중요하다.

3) 교통 기관

국내 및 해외여행 시 차량을 이용할 때는 차량 연식 및 가격을 갖춘 적격 업체인지를 파악하고, 특히 국내 차량 예약의 경우 차량 운행 확인증 등 차량 정비와 운전 기사 교육이

🖾 **고급 열차 사진**

제대로 운영되고 있는지, 특정 보험에 가입되어 있는지 등을 세심히 고려하여 선정한다. 여행은 지역과 지역 간의 이동이 중심이 되므로 이동에 이용하는 각종 교통 기관은 무엇보다 안전과 청결이 중요하다.

4) 숙박 시설

관광 목적지의 호텔 선정 시 신중하게 결정한다.

숙박 경험도 여행의 일부이며 여행 경험이 특별해질 수 있다. 여행의 즐거움을 배가시키는 숙박 시설은 특별한 조건이 없는 경우 접근성, 이동성, 편리성 등을 고려하여 선정하면 좋다. 대부분의 소비자들은 숙박 시설을 '잠만 자는 공간'으로 여기지 않고 여행의 한 부분으로 생각하기 때문에 여행객은 호텔의 외형적인 고급화보다 내부의 실용적인 면을 더 선호하는 경향이 있다. 이 때문에 이런 점도 수배 시에 고려해야 한다.

📷 **뉴욕 THE PLAZA HOTEL**

5) 식사 메뉴

식사 계획은 메뉴의 다양화와 동선 등을 고려하여 작성한다. 여행지의 음식 문화를 접할 수 있도록 다양한 메뉴와 쾌적한 식사 장소를 선정해야 한다. 동일한 장소와 중복된

📷 대한항공 프리스티지 기내식

📷 전주 비빔밥

음식은 피해야 하며, 차별화된 식사 선정으로 여행의 만족감을 고객들에게 전해야 할 것이다.

6) 대안 일정

관광 일정 중 불가피한 일정 변경에 대비해 대안 일정을 준비한다. 현지 사정으로 인하여 관광지 입장 및 공연이 불가능할 경우 여행객의 사후 불만에 대처할 대안 일정을 준비한다. 특히 일본 여행의 경우 운전사는 일정표상의 행사만 진행하기에 사전에 랜드사를 통해 조율하여 출발한다.

7) 관광 일정

기본 관광 일정과 선택 관광이 함께 제시될 수 있도록 작성한다. 다양한 관광 일정을 제시하여 고객 선택의 폭을 넓혀준다. 현재의 여행 트랜드는 기본 일정 외에 선택 관광을 모두 포함하여 판매하고 있으며, 현지에서 별도의 경비 지불 없는 여행을 선호하고 있다.

④ 여행 일정표 구성

여행 일정표는 여행사별로 양식(Form)이 있어 다소 차이가 날 수 있으나 일반적으로 비슷한 형식과 양식으로 구성된다.

1) 여행 상품명

인센티브 여행 상품의 경우 단체의 이름 및 지역을 표기하여 작성한다. 패키지의 경우 시리즈로 출발하는 관계로 별도의 상품 코드를 만들어 활용하기도 하며, 날짜와 항공편을 이용한 상품 코드를 사용한다.

2) 여행 요금

성인 기준으로 표기하며 소아(만 2세 이상~만 12세 미만)는 성인 요금의 80~90%를 적용하고, 유아(만 2세 미만)는 성인 요금의 10~20%를 적용한다.

3) 최소 출발 인원

인센티브 여행의 경우 요청하는 인원 수에 맞는 견적으로 최소 출발 인원이 별도로 없지만 패키지의 경우 1~10명 이상 출발 등으로 표기하여 고객들에게 최소 출발 인원 정보를 안내한다.

4) 기본 일정

여행 전체 일정의 일수, 방문 도시, 교통편, 등급을 표시한 호텔명, 식사 조건 등을 표기한다.

5) 인솔자 및 가이드 여부

패키지의 경우 인솔자를 동행하지 않는 경우가 많으나 출발 인원에 따라 인솔자 동행 여부가 달라질 수 있음을 명시한다.

6) 여행 상품의 특전

타 여행 상품과의 차별화 및 혜택, 장점에 대하여 안내한다.

7) 공항 미팅 일시 및 장소 안내

8) 선택 관광과 쇼핑 안내

여행 목적지에서 여가 시간에 할 수 있는 선택 관광(Option)에 대한 안내와 요금을 기재하여 다양한 선택을 할 수 있도록 정보를 제공한다. 여행 중에 주요 나라(도시)의 쇼핑처 및 횟수를 포함하여 기재한다. 중국, 동남아는 패키지 여행의 경우 쇼핑의 횟수에 따라 여행 경비가 달라지니 특히 주의해야 하는 부분이다.

9) 포함 및 불포함 내역

여행객과 여행사 간에 포함 사항과 불포함 사항에 대한 오해가 발생할 수 있으니 여행 상품이 가지고 있는 특징이 잘 나타나도록 가격에 포함되어 있는 내용을 잘 기재해야 한다. 무형의 서비스 상품을 판매하는 여행업은 신뢰가 중요한데, 여행 상품은 고객이 구매하기 전에 눈으로 확인하지 못한 상태에서 비용을 지불해야 하기에 불필요한 마찰을 예방하는 차원에서 필요하다.

10) 주의 사항 및 연락처

"상기 여행 일정은 천재지변 또는 현지 사정에 따라 변경될 수 있습니다." 등과 같이 여러 가지 조건에 따라 변화가 생길 수 있다. 여러 가지 사정으로 인하여 여행 일정이 변경될 가능성에 대비하여 변경 가능성을 표기해야 하며, 여행 시 주의 사항 및 준비물을 안내한다. 여행사의 대표 전화 및 가이드 이름과 긴급 연락처와 호텔의 연락처 등을 기재하여 만일의 경우에 대비할 수 있도록 한다.

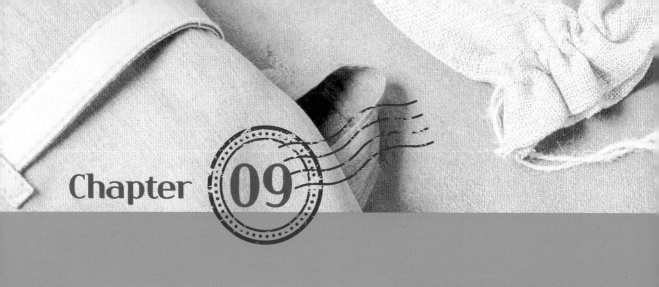

Chapter 09

여행 산업과 ICT

09
여행 산업과 ICT

1 인터넷과 여행 산업

인터넷의 개념

정보 기술은 컴퓨터 기술과 통신 기술이 결합된 것으로 모뎀에서 시작된 후 인터넷으로 진화했다. 모뎀은 방공망 시스템의 일환으로 개발되었고, 1970년대에 소비자 네트워크의 구성에 적용되었다.

인터넷은 1960년대 미국에서 방위 목적의 연구를 수행하는 과정에서 나온 아이디어를 이용하여 탄생한 군용 장비였다. 1990년대 이후 상용화 서비스를 시작해서 증기 기관차 발명, 기계화와 자동화를 통해 정보 혁명 시대를 이끌고 있다. 인터넷의 기본 서비스는 전자 우편(e-mail), 전자 게시판, 데이터 검색, 파일 전송, 채팅, UCC 등으로 구성되어 있으며 다양한 정보를 구축하여 검색함으로써 고객 DB를 생성하여 전사적으로 관리할 수 있게 되었다.

여행업은 인터넷이라는 가상 공간을 통하여 여행 정보를 획득, 분류, 저장, 재분류, 전달함으로써 자원, 자산, 상품으로서의 정보의 효용성을 활용할 수 있어야 한다.

2 인터넷의 확산과 여행 산업

정보 통신 기술의 발달은 e-비즈니스의 활성화를 가져왔고 여행 산업에 있어서도 새로운 여행 비즈니스 모델을 만들어내며 새로운 여행 트렌드를 형성하게 되었다. 인터넷의 대중화 이후 인터넷을 이용한 여행 인구는 2014년까지 지속적으로 증가해왔으며, 2015년 부터는 가족/친지와 기사/방송 프로그램의 추천을 참고하는 비율이 높아짐으로 인해 최근에는 인터넷 이용 여행 인구 비율이 소폭 감소했다.

여행 상품은 상호 보완적인 특성을 가지고 있고 관광지, 숙박, 교통, 식음료, 축제 등의 상품이 서로 연계성을 갖고 있기 때문에 정보 시스템을 통한 통합적 관리와 인터넷을 통한 실시간 정보의 흐름이 중요하다. 특히, 여행 상품은 구매하고자 하는 상품 또는 서비스와의 공간적 거리가 떨어져 있는 경우가 많기 때문에 인터넷을 활용한 정보 탐색과 예약 및 구매 활동이 활발히 이루어지고 있다.

대한민국에 사는 여행 소비자가 하와이 여행을 계획하고 있다면 하와이에 숙소를 예약하기 위해서 인터넷을 통해 관련 검색을 한 후 예약할 수 있을 것이다. 이처럼 인터넷 기술은 여행 산업과 개인과의 거래장벽을 해소해주고 그 편리성으로 인해 여행 분야의 e-비즈니스 성과을 촉진시켜주고 있다.

3 여행 e-비즈니스

온라인 예약 시장의 성장세에 대한 이슈는 더 이상 여행 산업에 있어서 놀랄 만한 일이 아니라 당연한 현장으로 받아들여지고 있다. 여행 산업의 중심은 이미 오프라인에서 온라인으로 이동하고 있으며, 여행의 흐름은 패키지 상품이 아닌 개별 여행자(FIT) 중심으로 변화하고 있다. 그 내면에는 온라인을 통한 전자 거래도 한몫하고 있다.

e-비즈니스의 성장으로 온라인 여행사(OTA: Online Travel Agency)가 성장하고 있으며, 소

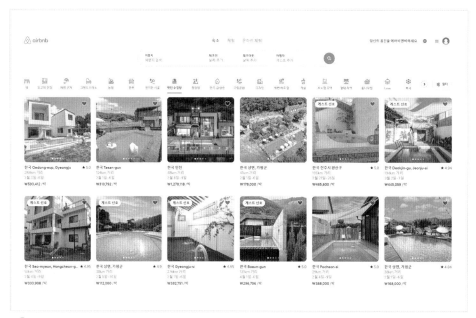

그림 9-20_ 에어비앤비 e-비즈니스 사례

셜 커머스, 모바일 앱과 플랫폼 여행 부문에 새로운 e-비즈니스 모델들이 속속 시장에 등
장해 활발하게 영업 활동을 하고 있다.

오프라인으로 호텔 객실을 예약한 고객이 예약을 취소하려면 호텔에 전화를 걸어서 직
접 취소의 과정을 거쳐야 하지만, 온라인 예약 시스템은 간편하게 한 번의 클릭만으로 취
소가 가능하다. 또한 스마트폰의 확산으로 모바일에서 이 같은 절차는 보다 쉽고 빠르게
처리가 가능해졌다.

AirBnB는 이용자들에게 목적지 지역의 개인 집에 방을 빌려주거나 목적지 지역의 빌
려줄 빈방을 찾을 수 있게끔 연결해주는 온라인 민박사이트이다. 2008년에 설립되었으
며 미국 샌프란시스코에 본부를 두고 있다. 숙박 시설을 이용하는 관광객을 대상으로 장
소, 시간, 집 형태의 제한 없는 숙박 시설의 정보를 제공하고 있으며, 전 세계 홈스테이, 민
박에 대한 공급자의 정보를 제공하고 있다. 소비자의 의견을 토대로 숙박 시설에 대한 등
급을 책정하여 선택에 도움을 준다. Facebook, Google+, Twitter, Linkedin, Pinterest,
Youtube를 통해 실시간 연계로 후기 및 정보 공유를 하고 호스트와 게스트 간의 신뢰성
을 구축하고 있다.

🏝 그림 9-21_ Expedia e-비즈니스 사례

보통 AirBnB의 효과는 지역으로 관광객을 유도하면서 지역 상점, 지역 식당, 카페 등의 수익 증가에 긍정적인 영향을 주었고 지방 관광 활성화를 위한 새로운 플랫폼으로 발전 가능하여 지역의 부족한 관광 인프라를 어느 정도 충족할 수 있다.

하지만, 뉴욕시는 AirBnB에 등록된 아파트가 호텔처럼 운영되고 있음을 발견하고 벌금을 부과했다. 호텔 체인점은 사업 운영에 대한 세금과 비용을 지불하지만 AirBnB는 세금을 지불하지 않고 사업 등록을 하지 않아도 된다는 점에서 이를 악용하는 사례가 빈번하다. 이에 따라 서비스 발전을 위해서 정책적 제도 개선 및 구축이 필요하며 이와 같은 한계점이 있다. 참고로 1년 중에 AirBnB는 기존 민박업과 형평성을 고려해 연 120일까지 영업을 제한했다.

익스피디아는 미국의 인터넷 여행 기업이다. 주로 호텔, 항공권 등 여행에 관한 온라인 예약 처리, 웹사이트 및 응용 프로그램을 운영한다.

익스피디아는 워싱턴주 벨뷰에 본사를 둔 온라인 여행 에이젠시(OTA)이며, 웹사이트 익스피디아의 운영뿐만 아니라 세계 각지에서 사업을 전개하는 여러 개의 기업을 총괄하고 있다.

익스피디아는 풍부한 자료를 제공하여 세계 3만 도시, 275,000개의 국내외 인기 호텔, 에어아시아와의 제휴로 취향에 맞는 에어텔을 예약할 수 있게 도와준다. 모든 호텔은 최저 가격을 보장하며 언제나 쉽고 간편한 예약이 가능하도록 모바일과 웹사이트에서 서비스를 제공하고 있다. 또한 최저 가격 보상 제도를 실시하여 타사보다 비싼 경우 차액의 두 배, 최대 110,000원까지 환불되는 제도를 실시하고 있으며 세계 동일 가격이기 때문에 한국 특유의 휴가인 설 연휴, 추석 연휴, 여름 휴가 시즌에도 가격을 상승시키지 않는 균일 가격제를 시행하고 있다.

2 인터넷과 여행사 유통 체계

전통적인 관광 유통 시스템은 여행사와 같은 유통 채널을 통해 직간접적으로 상품이 공급자에서 고객으로 이동하는 선형 모델을 기본으로 하고 있다. 여행사는 항공사의 항공권을 판매한 대가로 수수료를 지급받는 대리점으로 취급받았으나 인터넷을 통한 기술과 고객 수요의 변화 때문에 새로운 여행 유통이 출현했고, 전 세계적으로 온라인 여행사의 외적 성장과 더불어 여행 중간상(대리점) 배제를 통한 항공사의 비용 절감은 전통적인 여행 중간상의 수익을 재조정할 수 있는 플랫폼이 등장하는 계기가 되었다. 새로운 관광 유통 시스템의 변화 때문에 여행사는 고객을 대신하는 대리점으로 변모해야만 했고, 인터넷의 출현으로 직간접 유통을 위한 새로운 채널의 과정을 초래하게 되었다. 전통적인 여행사는 과거 수익 모델의 구조 조정을 인내해야 하는 압박을 받고 있음과 동시에 새로운 수익 영역의 변화에 고심하고 있다.

1 여행 플랫폼(Platform)

최근까지만 하더라도 'First mobile' 시대였지만 이제는 'Only mobile' 시대로 가고 있다. 패키지 여행보다는 자유 여행 선호, 여행 스타트업의 등장과 거대 자본의 투자 유치,

빅 데이터를 활용한 모바일 서비스, 국내 대형 여행사와 글로벌 여행 기업으로 대변되는 OTA의 여행 플랫폼 시장을 선점하기 위한 각축전 등은 인터넷 온라인 시장에서 모바일 시장으로 확대되고 있다. 여행에서 가장 큰 부분을 차지하는 항공과 호텔을 제외한 '단품'이라 불리던 엑티비티(체험형) 여행 상품의 시장 확대 가능성 사례들은 전통 여행사들의 불안을 더욱 가중시키기에 충분했다. 하나투어의 '모하지(mohaji)'와 '하나허브(hanahub)' 플랫폼 개발은 현재 여행 시장의 트렌드를 잘 반영한 것이지만 선제적으로 대응하지 못한 부분이 아쉬운 것도 사실이다.

국내 모텔, 펜션, 민박(게스트 하우스) 등의 숙박과 액티비티 시장을 선점한 야놀자는 누적 투자 금액을 2,000억 원 이상 유치하여 기업 가치를 1조 원 넘게 평가받으며 유니콘 여행 기업 대열에 합류했다. 트리플 400억 원, 마이리얼트립 170억 원, 와그트래블 130억 원 등 각각 투자를 유치했다. 트리플은 여행 가이드북 서비스를 시작해서 여행 관련 빅 데이터를 기반으로 세계 도시 여행 정보를 여행자의 위치와 상황에 따라 제공하여 앱에서 여행 날짜와 숙소만 입력하면 아침 식사는 주변의 브런치 식당을, 비 오는 날은 주변의 실내 관광지를 추천한다. 그리고 온디맨드(On-demand), 즉 수요자 중심으로 여행 일정을 짜준다. 마이리얼트립은 외국 현지에서 가이드와 고객을 매칭해 주는 가이드투어 서비스를 시작해서 티켓, 패스, 에어텔, 한인 민박, 항공권 판매까지 여행 시장을 확대함으로써 호

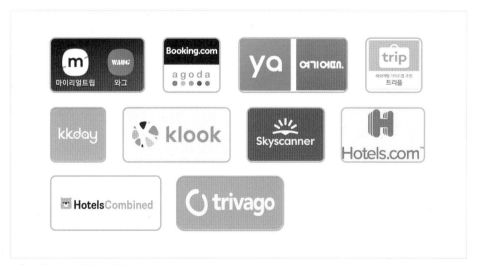

그림 9-22_ 여행 플랫폼

텔 숙박비를 비교하고 항공권 발권 서비스의 데이터를 분석해 투어와 액티비티 상품을 추천(Cross-selling)하는 종합 여행사로 성장했다. 홍콩과 대만을 기반으로 액티비티 여행 상품을 각각 판매하는 클룩(Klook), 케이케이데이(kkday) 등도 우리나라에 지사를 설립하고 국내 관광객의 국외 여행(Outbound) 시장에서 경쟁하고 있다. 클룩은 총 누적 투자액이 6,000억 원을 넘었고 전 세계 20개국에 지사를 두고 9개 언어로 서비스하고 있다. 케이케이데이는 11개국 지사로 80여 개국에 서비스를 제공하고 있어 우리나라 액티비티 전문 여행사들은 글로벌 여행 시장에서는 아직 걸음마 단계라고 할 수 있다.

2 OTA(Online Travel Agency)

OTA는 온라인 여행사라는 뜻이지만 고도화된 온라인 시스템을 바탕으로 여행 상품 가격 비교(Meta search), 호텔, 항공권 예약 대행 등 여행 관련 서비스를 제공하는 온라인 여행사를 말한다.

항공권 가격 비교 검색 엔진 스카이스캐너(Skyscanner)와 카약(Kayak), 숙박 예약 서비스 아고다(Agoda)와 부킹닷컴(Booking.com) 등 온라인 기반 여행사가 대표적이다. 넓게는 항공, 숙박, 투어 등을 포함하고 좁게는 호텔과 같은 숙박을 예약해 주는 온라인 여행사이다.

OTA 시초는 1994년 '트래블웹 닷 컴'이 온라인 예약 기능을 최초로 선보인 것을 시작으로 글로벌 온라인 여행사들은 단순 예약 기능을 넘어 가격 비교, 최저가 경쟁 등을 통해 성장세를 이어왔다. 한국에는 2012년 한미 자유무역협정(FTA) 발효를 계기로 익스피디아(Expedia)와 같은 미국의 대형 온라인 여행사들이 진출했다.

글로벌 OTA 측면에서 우리나라 여행 시장은 인구 5,200만 명 중 2,800만 명, 국민의 약 3분의 2가 매년 국외 여행을 하고, 모바일 서비스 이용률은 73.8%로 전 세계 평균 68%를 5% 이상 상회하고 있다는 점이 가장 큰 장점이다.

2012년 초창기에는 글로벌 OTA의 우리나라 여행 시장 규모가 우려했던 것보다 미미했으나 2018년 글로벌 OTA의 국내 여행 시장 점유율이 이미 70%를 넘었다고 여행업계에서는 추정하고 있다.

글로벌 OTA는 우리나라에서 여행 사업을 하면서도 근거지가 해외라는 이유로 관광 진흥법에서 규정한 여행업으로 등록해야 할 의무가 없기 때문에 연락 사무소를 개설하여 국내 제휴사를 통해 영업하는 경우 규제를 받지 않지만 국내 여행사는 관광진흥법을 반드시 지켜야 하는 역차별을 겪고 있다.

미래 여행 산업 메가트렌드 발표

"세계 여행 시장은 지속 성장, 경험을 중시하는 여행"

지난 11월 5일(현지 시각) 영국 런던에서 세계 최대 규모의 관광 박람회인 WTM(World Travel Market)이 개막했다. 이 날 행사에서 세계적인 시장 조사 기업인 유로모니터 인터내셔널(Euromonitor International, 한국 지사장 고은영)은 '2019 메가트렌드-미래 여행 산업을 그리다(Megatrends Shaping the Future of Travel: 2019 Edition)' 조사 보고서를 통해 세계 여행 시장을 이끌 새로운 글로벌, 지역별 여행 트렌드를 발표했다.

유로모니터에 따르면 2019년 세계 여행 시장 규모 2조 5,000억 달러를 기록할 것으로 보인다. 여행 산업은 정치적 이슈와 소비자 습관 변화로 다양한 위기 상황에 직면하고 있지만, 그럼에도 불구하고 지속적인 성장을 이룰 것이라 분석됐다. 유로모니터는 5년 뒤인 2024년 여행 시장을 약 3조 달러 규모로, 1회당 연평균 여행 소비액은 1,101달러로 내다봤다.

디지털 조선일보 2019. 11. 7. 기사

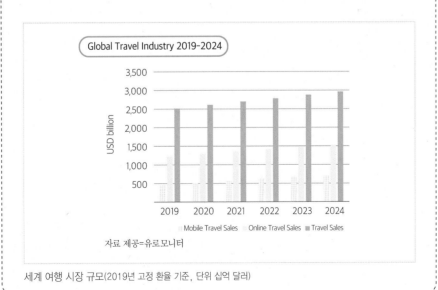

세계 여행 시장 규모(2019년 고정 환율 기준, 단위 십억 달러)

토종 OTA 성공, 가격·상품 다양성이 관건

기술의 발전과 글로벌 관광 산업

▶ **글로벌 관광 산업 유통 채널 온라인 비중 확대**
'21년[66%] → '25년[72%]

오프라인 채널 **34**

온라인 채널 **66**

(단위: %)

▲ 예측치(%)

66 2021 **72** 2025

글로벌 관광 산업 유통 채널 비중(2021)

▶ **여행 관련 앱 사용↑, 비접촉 기술 선호↑**

모바일 기술의 발전과 함께
여행 관련 앱 사용도 증가
예 OTA, 항공사, 여행 플래닝, 호텔 앱 등

코로나-19 이후
비접촉(Contactless) 여행을 위한
기술 급속도 확산
예 온라인 여행 예약, 키오스크 활용 등

OTA 시장 확대, '플랫폼' 기반 온라인 여행 예약 시장 성장

(단위: 십억 달러)

89.8% 성장

517.8 2020 **983.2** 2027(예측)

온라인 여행 예약 플랫폼 시장 규모는
2027년에는 2020년 대비
89.8% 성장할 것으로 예측됨

글로벌 OTA는 각국의 유망 OTA 및
중소 개별 OTA를 합병하여
거대하게 성장해옴

예 익스피디아 그룹, 부킹 홀딩스,
씨트립, 에어비앤비 등

국내 여행은 글로벌 OTA의
시장 진출 이후 시장 다변화,
예약 플랫폼 도입(전통 여행사) 및
트래블테크 기업으로 전환(스타트업) 등
변화를 시도

2021. 09. 15. 트래블데일리 기사

한국 OTA 성장 위해 독과점 막고 기술 지원해야

관광공사, '여행업의 넥스트 레벨' 보고서 발간
2025년 OTA 시장 규모 966조 원으로 전망
서비스·편의성 긍정, 가성비·다양성 아쉬움

한국 OTA가 경쟁력을 확보하기 위해서는 가격 경쟁력 및 상품 다양성을 확보하고, 트래블테크 활용에 대한 지원을 확대해야 한다는 내용의 보고서를 한국관광공사가 발간했다./한국관광공사

한국 OTA가 글로벌 플랫폼 시대에 살아남기 위해서는 독과점 방지 제도를 마련하고, 꾸준히 기술 지원을 확대해야 한다는 연구 결과가 나왔다. 한국관광공사가 9월 9일 '여행업의 넥스트 레벨(Next level)' 보고서를 발간, 국내외 OTA 현황과 미래를 짚었다.

한국 OTA가 글로벌 플랫폼 시대에 살아남기 위해서는 독과점 방지 제도를 마련하고, 꾸준히 기술 지원을 확대해야 한다는 연구 결과가 나왔다. 한국관광공사가 9월 9일 '여행업의 넥스트 레벨(Next level)' 보고서를 발간, 국내외 OTA 현황과 미래를 짚었다.

온라인 여행 플랫폼의 질주는 계속된다. 글로벌 데이터 분석 기업 스타티스타(Statista)에 따르면, 세계 관광 산업의 온라인 유통 채널 비중은 2021년 66%에서 2025년 72%까지 확대될 전망이다. 그중에서도 OTA 시장은 2025년 966조 원(2020년 대비 93% 성장) 규모에 달할 것으로 예측된다. 특히 글로벌 OTA가 과점하는 형태가 눈에 띈다. 익스피디아(28%)·부킹홀딩스(36%)·트립닷컴(15%)·에어비앤비(18%) 4개 그룹사가 각각 꾸준히 인수 합병을 진행하며 몸집을 불려온 결과, 2020년 기준 OTA 시장의 97%를 차지하게 됐다.

한국 OTA는 글로벌 OTA와 비교해 서비스와 편의 부분에서 강세를 보였다. 야놀자, 여기어때 등 국내 OTA 이용자들은 ▲고객 서비스 ▲웹·앱 사용 편리성 ▲마일리지 및 포인트 측면에서 긍정적인 평가를 했으며, ▲가

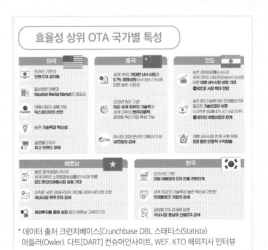

격 대비 가치 ▲상품 다양성 측면에서는 다소 아쉬움을 표했다. 공사는 "코로나19 위기와 글로벌 대형 OTA와의 치열한 경쟁에 놓인 국내 OTA는 숙박·항공·여행 상품 등 다양한 분야로 예약 서비스를 확대했고, 전통적인 여행사의 OTA 전환과 관광 벤처 기업의 트래블테크 기업화는 더욱 빠르게 진행되고 있다"고 밝혔다.

효율적인 성장을 위한 가장 중요한 요소로는 기술이 꼽혔다. 하이테크 기술을 무조건 지향하기보다는 소비자의 니즈와 OTA의 규모 및 특성을 고려해 적정 수준의 기술을 지속적으로 갖춰나가야 한다는 것이다. 공사는 "내국인 국내외 여행 시장을 목표로 고객 서비스를 강화하고, 가격 경쟁력 및 상품 다양성을 확보해야 한다"며 "정책적으로는 지속 가능한 성장을 기할 수 있도록 글로벌 OTA의 독과점 방지를 위한 제도적 방안을 마련하고, 트래블테크 활용에 대한 지원을 꾸준히 확대해야 한다"고 조언했다.

출처: 여행신문 2021. 09. 16.
(https://www.traveltimes.co.kr)

글로벌 OTA의 고도 성장과 문어발 확장

(단위:십억 달러)

89.8% 성장

517.8
2020

983.2
2027(예측)

온라인 여행 예약 플랫폼 시장 규모는 2027년에는 2020년 대비 89.8% 성장할 것으로 예측됨

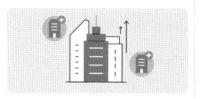

글로벌 OTA는 각국의 유망 OTA 및 중소 개별 OTA를 합병하며 거대하게 성장해옴

출처: 2021. 09. 15. 헤럴드경제

3 4차 산업혁명과 여행 산업

1 4차 산업혁명의 개념

4차 산업혁명은 2016년 세계경제포럼(World Economic Forum, WEF)에서 나온 용어로 18세기 초 산업혁명 이후 4번째로 중요한 산업 시대를 말한다. 1차 산업혁명은 1784년 영국에서 증기 기관차가 발명된 후 인류의 생산 방식을 인간의 손, 즉 수공업에서 기계화로 전환시킨 것으로 노동 생산성이 전에 비해 2~3배 증가하게 되었다. 2차 산업혁명은 1870년경 전기를 이용한 대량 생산이 시작되었던 시점이며 철도, 철강 등 제조업의 발달로 통신 기술로 이어지게 되었다. 3차 산업혁명은 1970년대 초 인터넷이 개발되고 컴퓨터를 활용한

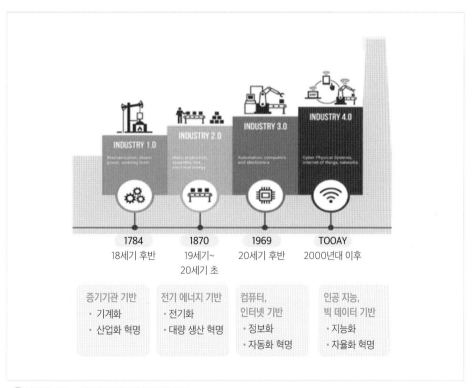

그림 9-23_ 4차 산업혁명에 따른 변천사

정보화, 자동화 생산 시스템이 등장하여 정보 혁명이라고도 한다. 그리고 4차 산업혁명은 빅 데이터(Big Data), 인공 지능(Artificial Intelligence, AI), 사물 인터넷(Internet of Things, IoT), 가상 현실(Virtual Reality, VR), 증강 현실(Augmented Reality, AR) 등의 정보 통신 기술(Information Communication Technology)을 바탕으로 제품, 설비, 인간이 모두 연결되고 보다 지능적인 사회로 진화되는 산업혁명이다. 즉 인공 지능에 의해 모든 것이 해결되는 시대가 되었다는 의미이다.

② 4차 산업혁명과 여행의 현주소

여행 산업은 융복합 산업이기 때문에 여행과 관련된 여러 산업을 복잡 다양하게 확대시켜야 한다. 지금까지 여행사는 항공, 숙박, 음식, 현지 교통, 체험, 쇼핑, 금융 등을 매개, 중개, 연결했지만 향후에는 거대한 자본과 인적 자원을 보유한 여행 플랫폼이 그 역할을 대신할 것이며, AR(증강 현실)을 적용한 관광 안내(국외 여행 인솔자, 국내 여행 안내사, 관광 통역 안내사, 현지 여행 안내사 등) 사업이 가장 활발하게 이루어질 전망이다. 전 세계 어느 도시에서도 가능한 관광 가이드 서비스, 개인별 위치 기반을 활용해 식당, 숙소, 관광 명소 등을 맞춤형으로 추천한다.

항공권 예약과 정보 등을 관광객이 희망하는 여행 시기에 맞게 자동으로 알려주는 항공 최적화 시스템 기능도 혁신적인 여행 서비스로 발전할 가능성이 높다.

우리나라 여행업계는 아직 시작 단계에 있는 여행 챗봇을 하나투어와 인터파크투어가 시범적으로 서비스하기 시작했는데 인공 지능보다는 미리 설계된 시스템 안에서 고객의 카테고리를 클릭하면서 답에 가까워지는 버튼식에 의존하고 있다.

빅 데이터를 활용한 여행 트렌드를 여행 상품 판매로 활용하는 신용카드 회사와 통신사들이 더욱 증가할 것이다. 통신사와 카드사들은 빅 데이터 분석 자동화 시스템을 구축해 관광객의 특성을 수치화, 정량화하여 개별적인 심층 분석까지 가능하게 될 것이다. 비행기, 선박, 자동차 등 관광 교통을 이용하지 않고 관광 목적지에서 증강 현실(AR)을 통해 희망하는 여행을 즐길 수 있는 장치도 개발되고 있다.

하지만 4차 산업혁명은 인간의 할 일을 로봇이 대체하는 것이기 때문에 모든 산업에서

그림 9-24_ 인터파크투어의 AI 챗봇과 아시아나항공 인공 지능(AI) 챗봇, 항공권예약 및 결제, 맞춤형 여행지 추천 기능 도입

인적 구조 조정은 불가피하다. 여행 서비스는 인공지능화된 자동 응답 시스템인 챗봇의 도입과 고도화된 시스템 개발 등으로 여행사 상담 서비스 콜센터와 항공 예약 발권 부서 등의 인력은 갈수록 줄어들 것이며, 인공 지능과 로봇을 활용한 기계화와 자동화는 결국 전통적 개념의 일자리를 상당 부분 감소시킬 것이다. 자본력이 인적 자원 영세성의 한계와 ICT(정보 통신 기술)에 선제적 대응이 안 되며 노동 집약적인 조직 운영 구조에서 벗어나지 못하는 우리나라 여행업계는 4차 산업혁명이 현실화될 때 고급 인력이 제공하는 인적 서비스는 표준화된 기계화로 변화될 것이다. 결국 단순하고 반복적인 여행 서비스 업무들은 로봇 시스템과 자동화로 대체될 수밖에 없는 시대로 가는 중이다.

여행 준비도 이젠 인공 지능으로! 하나투어'여행 정보 AI'에게 물으면…

베타 서비스 19일 공개, 고도화해 8월 정식 오픈
일정과 상품, 여행 정보 등 24시간 실시간 제공

챗 GPT를 적용한 AI 챗봇 서비스를 하나투어 앱에서 사용 가능하다/하나투어

하나투어가 인공 지능 검색을 통한 '여행 정보 AI' 베타 서비스를 지난 19일 공개했다.

챗 GPT를 적용한 AI 챗봇 서비스로, 하나투어 앱에서 사용 가능하다. 현지 날씨, 맛집, 명소 등 여행 정보를 24시간 실시간 제공하며, 이용자의 질문과 여행 트렌드에 맞게 필터링을 거쳐 답변하는 방식으로 정확성과 사용자 편의성을 높였다.

예를 들어 '바르셀로나 6일 일정 추천해줘'라고 입력하면 6일간의 추천 일정을 안내하며, 더 나아가 여행지에서 방문하기 좋은 시간을 질문하면 관광지별 운영 시간을 안내하고 추천 방문 시간 및 관광 팁도 제공한다.

하나투어는 추후 LLM 기반 서비스의 최신 버전을 반영하고, 답변 속도를 개선하는 등 지속적으로 고도화하고 서비스 품질을 개선한다는 방침이다. 이번 베타 서비스를 거쳐 8월 여름 성수기 전후 정식 서비스를 오픈할 예정이다.

여행신문 2023. 05. 22. 기사

③ 4차 산업혁명의 여행사 전략 방향

4차 산업혁명은 디지털 기술의 발전과 산업 이상에 영향을 미친 미치고 혁명적인 변화를 의미한다. 이러한 변화는 여행사 업계에도 큰 영향을 미치고 있으며, 새로운 기회와 동시에 새로운 도전을 제시하고 있다. 여행사가 4차 산업혁명에 대비하기 위해서는 디지털 기술을 도입하고 4차 산업혁명의 핵심 키워드인 디지털 전환(Digital Transformation)을 해야 한다. 디지털 전환은 디지털 데이터와 기술의 적용을 통한 기존 방식의 변화 또는 새로운 방식을 도입함으로써 디지털 기술의 적용에 따르는 사회적, 경제적 효과를 발생시키는 것이다. 이것은 혁신을 통해 효율성과 생산성을 증대하고 수익성 제고를 위한 부가가치 창출을 가능하게 하며 새로운 비즈니스 모델과 가치를 만들어 더욱 성장할 수 있도록 한다.

숙박, 레저 플랫폼 회사인 야놀자는 국외에서 호텔의 핵심 자산인 객실을 관리하는 소프트웨어를 공급하는 솔루션 회사로 더 유명하며 호텔 자산 관리 시스템(PMS) 분야에서 오라클에 이어 세계 2위이다. 클라우드 솔루션'와이플럭스'는 객실 예약 확인과 체크인, 체크아웃, 룸서비스 등을 비대면으로 제공하는 세계 최초의 호텔 자동화 솔루션을 개발했다. 하나투어는 차세대 온라인 플랫폼 '하나허브'를 개발하고 고도화하여 글로벌 종합 OTA로 확정하고, 웹사이트와 앱은 기획 여행과 자유 여행 상품을 공급하는 플랫폼으로 특화해 나가는 트래블테크 기업으로 전환 중이다.

향후 여행업계는 여행 콘텐츠를 아카이빙하여 관광객 개개인의 선호도에 따라 맞춤 여행 서비스를 제공하는 여행 큐레이션 개발이 중요할 중요하게 될 것이다. 여행사 직원들은 단순한 여행 상담, 여행 상품 제안, 각 상품별 가격 비교 등의 직무에서 벗어나 빅 데이터, 디지털 기술 등 ICT 교육과 훈련을 통해 아카이브와 큐레이션을 이용한 여행 콘텐츠 크리에이터가 되어야 하며, 여행사는 양질의 여행 콘텐츠를 제작하고 판매하는 트래블테크로 발전해야 할 것이다.

여행 서비스는 단순 여행 정보 전달이 아닌 종합적인 여행 컨설팅이 가능한 전문가 제공해야 하며 건축, 미술, 음악 등 예술 분야와 지리, 역사, 철학과 같은 인문학적 소양을 축적하여 관광객의 개인별 욕구와 니즈를 이해한 소규모 맞춤형으로 발전시켜야 한다.

결국 기계화, 정형화, 표준화 등 인공 지능으로 무장한 4차 산업혁명이 발전할수록 관광객들은 아카이빙화된 여행 큐레이션을 제공하는 여행사를 찾게 될 것이다.

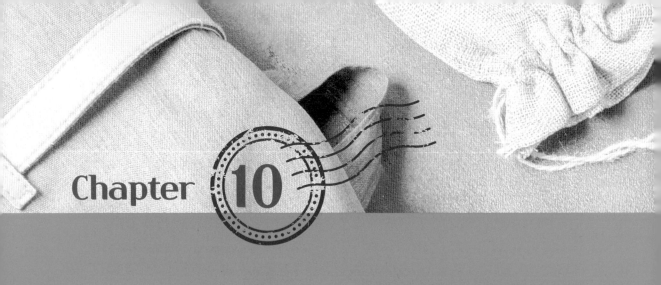

Chapter 10

여행업의 창업

10 여행업의 창업

1 여행업의 창업

1 창업의 정의

여행업의 창업이란 새로운 여행사를 신설하는 것을 말한다. 일반적 의미에서 창업이란 인적·물적 자원을 적절히 결합하여 미리 설정된 기업 목적을 달성하기 위하여 상품이나 서비스를 조달·생산·판매하거나 부수적인 활동을 수행하는 것이라고 할 수 있다. 따라서 개인적 입장에서는 기존에 있는 여행사를 인수하든 완전히 새롭게 시작하는 것이든 모두 창업에 포함되며, 취급하는 여행 상품이나 서비스의 유형 또는 자금의 규모에 관계없이 새롭게 사업을 시작하게 되면 이를 곧 창업으로 볼 수 있다. 다만 법률적 의미에서의 창업에 대한 정의는 다소 엄격한데, 그것은 창업에 따른 지원을 악용하는 사례를 미연에 방지하려는 방어적 입장에서 나타난 것이다.

이와 같이 여행사의 창업이란 여행 사업의 기초를 세우는 것으로 기업가의 능력을 갖춘 개인이나 단체가 사업 아이디어를 가지고 사업 목표를 세운 후 적절한 시기에 자본·인원·설비·원자재 등 경영 자원을 확보·결합하여 상품 생산 및 용역을 제공하는 여행사를 새로이 설립하는 것을 말한다. 따라서 여행사의 창업이란 "인간이 보다 나은 경제적 생활을 하기 위해 필요한 여행 상품이나 여행 관련 서비스를 생산·판매하거나 부수적인 활동을 수행하기 위해 새로이 사업을 시작하는 일이다"라고 정의할 수 있다.

2 창업의 요소

여행사를 비롯한 기업을 창업하기 위해서는 일반적으로 사업 자본, 사업 아이디어, 사업 장소, 종업원, 기술력 등과 같은 많은 요소들이 필요하다. 그중에서도 특히 여행사의 규모에 관계없이, 창업에 공통적으로 필요한 요소로는 ❶ 창업자 ❷ 사업 아이디어 ❸ 자본을 들 수 있으며, 이를 창업의 3대 요소라고 한다.

이들 세 요소는 새로운 사업을 성공시키기 위한 전략적 사업 계획의 수립에 필수적인 요소들이다.

1) 창업자

창업자는 사업 아이디어의 확보, 사업성 분석, 사업 계획 수립, 계획의 실행 등을 주도하고 책임지는 주도자이다. 창업자는 이러한 기능을 수행하기 위하여 기업 설립에 필요한 유무형의 자원을 동원하고 이들을 적절히 결합하여 기업이라는 시스템을 만들고, 설립된 기업이 의도한 대로 기능을 발휘하도록 관리하는 역할을 해야 한다. 따라서 창업자의 능력, 가치관 등은 창업 기업의 성패와 효율에 큰 영향을 미치게 되므로 창업자는 매우 중요한 요소이다. 즉, 기회가 아무리 좋아 보인다 할지라도 그 기회(아이디어)가 사업 능력과 경영 기술로 무장된 창업자에 의해서 발전되지 않는 한 그 사업은 성공하기가 매우 어려워진다. 특히 가장 중요한 것은, 창업자는 동종 산업이나 또는 유사한 산업에서의 전문지식 이외에 기업 경영에 대한 경험이나 실무 경험을 가지고 있어야만 한다는 것이다.

즉, 창업이 성공하는 데 있어서 가장 중요한 요인은 최고의 경영 능력을 갖추고 있는 창업자가 최고의 시장 기회를 만났을 때라고 말할 수 있다.

2) 사업 아이디어

사업 아이디어는 창업자가 사업을 추진하는 기본 도구이고 사업 기회 포착의 첫 단계이긴 하지만, 아이디어 자체는 그 이상의 아무것도 아니다. 즉, 좋은 아이디어가 반드시 좋은 사업 기회를 뜻하는 것이 아니라는 점이다. 그것이 좋은 사업 기회가 되기 위해서는 사업상 매력도가 높아야 하고 수익이 지속적이어야 하며 시의 적절하게 공략할 수 있어야한다. 그리고 무엇보다도 중요한 것은 고객 입장에서 볼 때 새로운 가치를 창출할 수 있는 상품과 서비스를 제공해야 하는 것이다.

사업 아이디어와 관련해 티먼스(Timmons)는 사업 기회라는 개념을 중요시하였다. 즉, 사업 아이디이만으로는 기업이 성립될 수 없으며 이익올 발생시킬 수 있는 여건이 충족되어야만 기업이 성립될 수 있는데, 이와 같이 기업이 설립될 수 있는 여건이 충족되는 시점을 사업 기회라고 주장하고 있다.

사업 기회란 단순히 사업 아이디어만을 말하는 것은 아니다. 즉, 아이디어와 창의력, 그리고 창업자가 처한 상황이 결합될 때 비로소 기회로 나타나게 된다. 새로운 사업에 대한 아이디어에 관해서 사람들이 가지고 있는 가장 잘못된 생각은 아이디어가 독창적이어야한다는 것이다. 실제로 많은 창업 지망생들이 독창적인 아이디어를 찾고자 혈안이 되어있고, 거기에 너무나 많은 시간과 열정을 낭비하고 있다. 그렇지만 독창적이고 자기만이최초로 발견했다고 생각했던 아이디어가 이미 제품화되어 판매되고 있거나 또는 후에 상업성이 없다고 판단되는 경우가 얼마나 많은가?

온라인 여행업을 비롯한 관광 벤처 기업이 가장 발전한 미국의 경우 벤처 자본가가 접수하는 새로운 사업 아이디어는 한 달에만도 100~200건에 달하지만, 이중 실제로 지원되는 사업은 1~3%에 불과하다. 창업자들이 이러한 발명가의 오류에 빠지는 이유는 시장의 욕구를 무시한 기술 지향성으로 인해 특정 제품을 보다 더 잘 만들려고만 하는 욕구와 자신이 발명한 것에 대한 감정적 유착 등이라고 할 수 있다. 이러한 자세는 사업 추진을 넓고 장기적으로 보는 시각을 가져야 하는 창업자로 하여금 특정한 제품에만 집착해서 사업의 수익성을 유지하지 못하는 함정으로 빠져들게 한다.

마지막으로, 아이디어와 관련해서 두 가지 중요한 점은 첫째, 아이디어가 아이디어 자체로 끝나서는 안 된다는 것이다. 아이디어는 반드시 그 아이디어를 판매할 수 있는 시장이 존재해야 한다. 여행객들이 진정 그 제품을 원하지 않는 한 여행 시장은 존재할 수 없기 때문이다.

둘째, 타이밍이다. 즉, 기회가 좋다 하더라도 그 기회가 유행성이거나 또는 잠시 동안의 반짝 경기에 불과한 아이디어라면 그 아이디어로 성공하기는 힘들 것이다. "아이디어는 돈이다"라는 말이 있지만, 이는 아이디어의 중요성을 강조한 표현일 뿐 사실 그 아이디어가 돈이 되게 하기 위해서는 많은 중간 과정을 거쳐야만 한다. 이러한 중간 과정에 해당하는 활동 중 선행되어야 할 것은 그 사업 아이디어가 사업적으로 타당성을 가지고 있는 것인가에 대한 분석이다. 즉, 지금 구상하고 있는 사업 아이디어를 기초로 하여 사업을 할 때 이윤 추구라는 사업의 목표를 달성할 수 있겠는가를 조사하여 이 사업성 분석 결과가 긍정적으로 판단될 때 사업을 추진하게 되는 것이다.

3) 자본

자본이란 여행사를 설립하는 데 필요한 금전적인 자원뿐만 아니라 앞서 논의한 사업 아이디어를 구체적으로 상품화하는 데 필요한 자본·설비·기술·건물 등을 포괄적으로 의미한다. 여행 상품 생산에 필요한 정보나 기술·설비·건물 등은 자본의 투자에 의해 취득이 가능하고, 앞서 언급한 인적 자원의 양과 질도 자본에 의해 좌우될 것이기 때문이다. 따라서 안정적인 창업 자본의 조달과 이용 그리고 이를 위한 정부나 관계 기관의 지원 제도 등도 성공적인 창업을 위해 인적 자원만큼 중요한 것이다.

❶ 소요 자원의 동원

일반적으로 여행사를 창업하기 위해서는 여행사의 형태에 따라 법률에서 실질적으로 규정하고 있는 자본의 규모가 있지만, 성공적인 창업을 위해서는 법률에서 규정하고 있는 자금뿐만 아니라 먼저 창업에 필요한 자본 규모를 결정하기 위해서는 우선 필수 불가결한 자원이 무엇인가를 정확히 파악해야 한다. 창업을 성공적으로 이끄는 데 있어서 어떤 자원은 다른 자원에 비해서 그 중요성이 매우 높을 수도 있다. 따라서 창업자는 사업 성공에 꼭 필요한 자원은 물론 자기 회사가 다른 회사들을 앞설 수 있는 것이 무엇인가를 파악해야 한다. 바로 그 분야가 제한된 자원을 집중적으로 투입할 분야인 것이다. 한편

사업에 필수 불가결하지 않은 자원들은 가능한 한 가장 저렴한 제품과 가격으로 구입해도 무방하다. 또한 창업에 필요한 자원을 결정할 때 꼭 유념해 두어야 할 또 하나의 사실은 이 모두를 반드시 자체적으로 해결할 필요는 없다는 점이다. 가능한 범위 내에서 급여, 회계, 광고, 판촉, 사무실 관리 등과 같은 일은 아웃소싱을 통하는 것이 오히려 더 효율적일 수 있다.

❷ 창업 자금

사업에 대한 아이디어도 거의 완벽하게 구체화되었고, 여행사의 창업에 필요한 물적·인적 자원도 모두 파악되었으며 사업을 성공시킬 수 있는 모든 전략까지도 포함한 사업 계획서가 완성되면 창업 후 플러스의 현금 흐름으로 전환될 때까지 소요될 자금의 규모도 계산되었을 것이므로 남은 문제는 결국 이 자금을 어떻게 조달할 것인가 하는 점이다.

창업 자본은 차입과 지분 투자라는 두 가지 형태의 자금으로 조달된다. 단적으로 남의 돈을 쓰면 사업에 대한 소유권을 조금이라도 포기할 필요가 없는 반면 차입 기간 중 이자 지불과 만기에 원금을 상환해야 하는 부담이 있다. 지분 투자를 받아들이면 그 대가로 소유권의 일부를 포기해야 하는 단점은 있지만, 원리금 상환 심지어는 배당금 지급까지도 염려하지 않아도 된다. 그러므로 이 문제가 창업자의 이자 지불과 소유권 일부 포기 간의 선택이라고 할 수 있다. 그러나 실제로는 이 문제가 창업자의 선택이라기보다는 흔히 그가 과연 얼마나 자금을 조달할 수 있느냐에 의해 자동적으로 결정되는 것이 일반적이다. 만약 본질적으로 공정 자산은 적게 필요하고 위험 부담이 상당히 큰 사업이라면 기업의 자산 외에 개인적인 담보 없이는 금융 기관으로부터의 차입이 쉽지 않을 것이다. 또한 창업자들이 모든 차입금에 대해 개인 자산으로 담보하고 싶다고 해도 금융 기관은 일반적으로 창업자의 자기 지분의 대출금의 4분의 1은 되도록 요구하고 있다. 따라서 대부분의 기업은 창업 초기에는 창업자 자신이나 가족 및 친지들의 저축과 급여 대신 지분을 받는 '몸으로 때우는 방법'에 의존할 수밖에 없다. 그런 다음 창업자나 해당 산업을 잘 알고 있는 엔젤 투자자(business angel)들과 같은 개인 투자가들에게 지분을 판매해서 자금을 조달하다가 제품이 판매되기 시작하는 단계에 이르면 재고나 미수금 등을 담보로 금융 기관 대출도 가능해지게 된다.

❸ 수익성

여행사 창업 초기에 창업자가 직면하게 되는 위험은 매우 크다고 할 수 있다. 즉, 사업이 실패하는 경우, 자신·가족·친지들의 재정적 어려움과 함께 생계까지 걱정하게 되는 이중의 위험에 처하는 것이 보통이다. 그러므로 이와 같이 큰 위험을 보상받기 위해서는 수익성이 상당히 높지 않으면 안 될 것이다. 그러나 이익과 관련하여 흔히 나타나는 잘못의 하나는 이익을 계산할 때 창업자 자신이나 혹은 창업 회사에서 일하고 있는 가족들에 대한 정당한 급여를 생략하는 것이다.

정당한 급여란 이들이 다른 회사를 위해서 이에 상응하는 업무를 수행했을 때 받을 수 있었던 금전적 보상은 물론 비금전적 보상까지도 포함하는 것이다. 마지막으로 이익과 현금 흐름을 혼동하지 말아야 한다. 비록 수익성이 상당히 좋은 사업이라 하더라도 성장 속도가 빠른 사업은 창업 초기에 영업 활동에서 발생하는 현금 수입이 날마다 증가하는 운전 자금 및 설비 투자에 소요되는 자금 수요를 따르지 못하는 것이 보통이다. 이 경우 차입에 의존하거나 또는 신규 지분 투자를 유치할 수밖에 없는데, 특히 성장성이 좋은 사업일수록 현금 흐름 예측에 각별히 주의하면서 미래에 발생될 외부 투자 금액을 정확히 파악해야 할 것이다. 미래의 외부 사람에 의한 지분 참여는 창업자의 지분율 감소를 초래할 것이고, 심한 경우에는 나중에 사업이 성공하더라도 정작 창업자한테 돌아오는 보상은 극히 적을 수도 있다는 것을 유념해야 한다.

❸ 창업자의 조건

1) 창업자의 자질

기업은 기업가의 수준만큼 성장한다는 말이 있다. 그만큼 기업의 성장에 있어 기업가의 영향력은 절대적인 것이다. 한 조사에 따르면 기업의 성패를 좌우하는 70%는 기업가 자

신에 달려 있다고 한다. 특히 새로운 기업을 설립하는 창업에 있어서 창업자의 자질은 성공적인 창업을 위한 절대 조건이라고 할 수 있다. 즉, 능력 있는 창업자는 기업의 절반 이상을 성공시키는 것이나 다름없다고 볼 수 있다.

(1) 개인 특성

❶ 체력

창업자는 무엇보다도 육체적으로 건강해야 한다. 왜냐하면 창업 그 자체가 힘든 일이기 때문에 이를 견딜 수 있는 체력이 필요하기 때문이다.

❷ 지식 수준

창업자는 당연히 자신이 하고자 하는 사업 분야나 관련 분야에 대한 전문 지식을 가지고 있어야 한다. 사업에 필요한 지식은 교육을 통해서나 경험을 통해서 얻을 수 있다.

❸ 창조성

사업 성공의 중요 원칙 중의 하나는 창조성이다. 왜냐하면 창조적인 제품 활동을 통해서 고객을 만족시킬 수 있기 때문이다. 고객의 지지를 얻지 못하는 여행사가 살아남을 수 없다는 것은 명백한 현실이다.

❹ 모험심

창업 행위는 그 자체가 하나의 모험이다. 창업을 시작하려는 사람에게는 그것이 아무리 안전한 사업일지라도 크고 작은 여러 위험이 수반되므로 어려운 결단이 요구된다. 따라서 과감하게 위험을 무릅쓰는 모험적인 성격의 소유자일수록 그러한 결정을 쉽게 내릴 수 있다.

❺ 책임감

사업의 주체로서 창업자에게는 남다른 책임감이 요구된다. 왜냐하면 창업자는 혼자서 많은 역할을 수행하게 되며, 그러한 역할의 영향이 사업과 관련된 많은 이해관계자들에게 미치기 때문이다.

⑥ 성실성

　창업자는 모든 면에서 성실해야 한다. 창업자는 자신의 사업과 관계된 일을 처리하는 데 있어서나 자신의 가정 및 사생활에 이르기까지 항상 최선을 다하는 성실한 자세를 유지해야 한다.

⑦ 자신감

　창업자는 모든 일에서 자신감을 가져야 한다. 해낼 수 있다는 자신감이 없는 사람은 창업을 할 수 없다. 어떤 일을 시작하려는 단계에서는 일을 할 수 있는 능력보다도 자신감이 더욱 중요하다.

⑧ 결단력

　창업을 하면 어려운 의사 결정을 수시로 내려야 하기 때문에 창업자는 결단력이 뛰어나야 한다. 이러한 결단력은 분석된 정보에 토대를 둔 것이어야 하기 때문에 어느 정도까지는 직관이나 순발력에 의해서 영향을 받기도 하지만, 궁극적으로는 자신감과 모험심에 의해 좌우된다.

⑨ 승부욕

　창업자는 남에게 쉽사리 승복하지 않는 강인한 승부욕을 가져야 한다. 현대의 경영 환경은 경쟁을 더욱 격화시키고 있기 때문에 경쟁에서 이길 수 있는 전략 대안이 관건이기는 하지만, 경쟁에서 이기려고 하는 강인한 승부 근성도 중요하다.

⑩ 지구력

　창업을 하려는 사람에게 있어서 인내력과 지구력은 중요하다. 창업자는 기본적으로 강인한 승부욕과 결단력을 가져야 하지만, 일단 시작한 일에 대해서는 인내하며 최선을 다하는 근성이 있어야 한다.

⑪ 인간적 매력

　창업자는 사람들의 관심을 끄는 인간적인 매력을 가지고 있어야 한다.

(2) 관리 능력

❶ 분석력

창업자에게 요구되는 관리 능력에는 여러 내용이 있지만, 현대와 같이 불확실한 경영 환경에서는 특히 분석력이 요구된다. 새로운 사업 계획을 세우거나 성과를 개선시키기 위해서는 분석된 양질의 정보가 필요하기 때문이다.

❷ 예측력

미래를 잘 예측할 수 있는 남다른 직관력을 가지고 있는 창업자의 사업 계획이 성공할 가능성이 크다.

❸ 기획력

창업자에게 남다른 기획 능력이 요구되는 이유는 창업 단계에서는 모든 사업과 업무 계획을 새롭게 세워야 하기 때문이다.

❹ 조직력

조직화가 잘되어 있는 기업일수록 모든 일이 효율적으로 이루어진다. 창업자는 조직의 창조자이다. 그러므로 조직 능력이 우수한 창업자일수록 우수한 여행사를 창조할 수 있다.

❺ 추진력

일반적으로 창업자는 일에 대한 강력한 추진력을 가지고 있어야 한다.

❻ 설득력

설득 능력은 가급적 적은 보상으로 확실한 동기를 부여하는 능력이다. 이러한 설득 능력이 뛰어난 창업자는 종업원과 소비자를 잘 설득시켜 자신이 의도한 일을 쉽게 해결할 수 있다.

❼ 포용력

유능한 창업자는 일과 관련된 종업원의 실수를 관대하게 용서해 주는 포용력을 가지고 있어야 한다.

2) 성공한 창업자의 특성

사업 성공을 보장하는 특정한 기업가의 특성은 존재하지 않는다. 물론 개인적 특성들이 사업 성공에 도움을 주는 것은 사실이지만, 사업 성공은 이러한 개인적 특성 외에 핵심 인력간의 조화 등 많은 상황적인 요인에 영향을 받고 있다.

보통 기업가들은 동업자·협조자·관리자들로부터 자신의 약점을 보완할 수 있으며, 특히 성공한 기업가들로부터 바람직한 개인 특성을 체득하고 성공 비결을 배울 수 있다. 예를 들면, 케이근(kieken)은 Wang Computers의 왕(Wang) 등 성공한 기업가들의 공통된 형태를 연구하여 그들로부터 배울 수 있는 특성을 다음과 같이 제시하고 있다.

❶ 적극적인 도전 의식과 실패로부터 배우려는 자세

❷ 주도적인 일 처리와 솔선수범

❸ 강한 인내력과 결단력

한편, 티머슨(Timmons) 등은 50여 개의 기존 연구 결과들을 종합하여 성공한 기업가들의 특성과 형태에 대하여 제시하고 있다. 이러한 공통 특성은 향후 성공적 기업가가 되기 위하여 학습해야 할 사항이다.

(1) 사업의 몰입도, 결단력, 인내심

성공한 기업가들은 사업에 대한 몰입도가 높고 결단력과 인내심이 강한 것으로 나타났다. 특히 많은 벤처 케피탈 회사들은 투자 여부의 결정에서 기업가가 얼마나 자신의 시간적·재정적 자원을 실제적으로 투입하고 있는가를 중시하고 있다. 이는 사업에 대한 몰입 정도가 기업 성공에 중요한 영향을 미치고 있다는 것을 잘 나타내고 있다.

(2) 강한 성취 욕구와 성장 욕구

성공한 기업가들은 스스로 설정한 도전적인 목표를 달성하는 데 주력한다. 그리고 이

목표가 달성되면 상향 조정된 새로운 목표와 기준을 설정하여 계속적으로 도전해 나간다. 따라서 이들은 다른 사람을 능가하기 위해 주력하기보다는 자신의 과거 실적을 계속하여 초과 달성하기 위해 노력한다.

(3) 기회 및 목표 지향적

현재 보유하고 있는 자원에 근거하여 행동하는 것보다는 기회를 먼저 포착하고 자원과 전략을 거기에 맞추어 나가려는 기회 지향적 성향이 있다. 그리고 높지만 달성 가능한 목표를 설정하고 거기에 모든 힘을 집중하려고 한다.

(4) 주도적인 강한 책임감

주도적으로 문제를 탐색하고 해결책을 제시하려 한다. 그리고 일의 결과에 대해 스스로 책임지려고 한다.

(5) 끈질긴 문제 해결 노력

하고자 하는 일에 장애 요인들이 나타날 경우에는 이를 극복하려는 욕구가 강하며 문제 해결을 위해 끈기있게 노력한다. 인내심이 강한 편이지만, 불가능하다고 판단되는 일에 대해서는 단념도 빠르다.

(6) 낙관적 현실주의와 유머 감각

외부 환경과 자신의 강약점 등에 관한 냉철한 판단을 중시하는 등 매우 현실적이지만, 매사를 긍정적으로 보는 낙관적 자세를 견지한다. 그리고 어려운 여건에서도 유머를 잃지 않는 등 정신적 여유를 가지고 있는 경우가 많다.

(7) 피드백의 활용

피드백을 효과적으로 활용함으로써 자신의 잘못을 신속하게 파악하고 잘못된 부분을 신속하게 수정한다. 이에 따라 유능한 기업가들은 대부분 이야기를 잘 청취하고 학습능력이 뛰어난 편이다.

(8) 계산된 위험 감수와 위험의 공유

뛰어난 기업가는 도박사가 아니다. 그들은 미리 세심하게 계산을 한 후 결정을 내리며, 공동 투자 또는 동업을 통해 위험을 공유하려 한다.

(9) 지위와 권력에 대한 낮은 욕구

권력 욕구보다는 성취 욕구에 의해 행동한다. 지위나 권력은 성공의 결과로 주어지는 것이지 처음부터 이것을 얻기 위해 노력하지는 않는다. 이에 따라 유능한 기업가는 독재자보다는 중계자 또는 협조자의 역할을 수행한다.

(10) 정직과 신뢰

정직과 신뢰가 없이 달성한 일시적 성공은 궁극적으로 실패한다는 신념으로 장기적 관점에서 인간관계를 유지하고 사업 활동을 한다.

(11) 신속한 결단과 실천, 인내심

신속히 움직여야 하는 일에 대해서는 빠른 결정을 내리고 곧바로 실천에 들어간다. 그러나 그 일이 장기적으로 진행되어야 하거나 일의 결과가 장기적으로 나타나는 경우에는 인내심을 가지고 기다린다.

(12) 실패에 관한 적절한 관리

실패에 실망하지 않고 두려워하지도 않는다. 오히려 실패를 통하여 배우려는 자세가 강하다. 비관적 상황에서 낙관을 발견하고 위기 속에서 기회를 발견하는 지혜를 발휘한다.

이와 같은 성공한 기업가의 특성은 많은 부분이 후천적인 학습을 통하여 가능하다. 특히 기업가가 자신의 사업에 대해 강하게 동기 유발 되었을 때 더욱 빠르게 학습될 수 있다.

3) 실패한 창업자의 특성

다음은 기업가의 바람직하지 못한 특성으로서 실패한 기업가들로부터 도출될 수 있는 것들이다.

❶ 불사조형

자신에게는 실패란 일어나지 않는다는 망상에 사로잡힌 경우를 말한다. 이 경우 방만하고 경솔한 투자로 실패할 가능성이 높다.

❷ 천하무적형

항상 남보다 우월하고 어떤 경쟁자라도 제거할 수 있다는 자만을 의미한다. 이 경우 경쟁자와 소모적 경쟁을 벌임으로써 사업에 피해를 끼칠 수 있다.

❸ 독선형

타인으로부터의 지시와 조언을 불필요하게 기피하는 성향이며 이 경우에는 주위로부터 피드백이 부족하여 잘못된 의사 결정이나 행동을 수정할 기회를 놓치기 쉽다.

❹ 즉흥형

매사를 그 당시의 상황과 기분으로 결정하고 처리하는 성향을 의미한다. 이 경우 어떤 행위나 결정에 대하여 그것이 갖는 긍정적인 의미나 실제 결과를 파악하기 어렵다. 또한 더 나은 대안을 찾지 못하는 결점을 가지고 있다.

❺ 운명형

일이 잘되면 운이 좋아서, 그렇지 않으면 운이 나빠서 그렇게 되었다고 생각하는 성향이다. 특히 운명주의적 철학을 가진 사람들에게 많이 나타난다.

❻ 완벽주의형

완벽한 일처리를 지나치게 강조하는 성향을 의미한다. 이 경우에는 소요되는 비용, 시장의 여건, 타이밍 등을 무시한 결정을 내리기 쉽다.

2 창업 전략

1 성공적인 창업 전략

기업이 창업하여 유기적인 조직체로서 변화하는 환경에 끊임없이 적응하고 성장하기 위해서는 여러 가지 경영 자원의 조화와 경영 전략이 필수적이다. 성공을 위한 창업 전략 은 다음과 같다.

1) 거시적인 기업 환경 변화 주목

글로벌 금융 위기 이후, 세계 경제가 저성장 시대로 접어들면서 불안한 경제 상황, 소득 불안정, 일자리 부족 등의 사회 문제들이 대두되고 있는 상황에서 개인의 행복에 대한 욕 구가 커지면서 여가, 삶의 질 향상에 대한 관심이 고조되고 있다. 특히 급변하는 현대 사 회 속에서 현대인들은 심리적 피로감 치유를 위한 힐링(healing)에 대한 관심이 증대되고 있 으며, 휴식과 심신의 안정, 웰빙과 관련된 감성적인 소비 행태를 선호하고 있다. 따라서 차별화된 소비 추구, 럭셔리 소비의 진화, 체험형 레저의 확산, 육체와 정신 건강 조화 등 이 주목받고 있으며, 경험 및 감성을 중시하는 맞춤형 소비 문화로 소비 트렌드가 변화하 고 있다. 이에 따라 여행 산업에 다양한 주체들이 여행 시장에 새롭게 진입하고 있으며 여 행업의 경쟁이 치열하게 전개되고 있다. 예비 창업자가 새로운 아이템을 개발하고 영업에 성공하였다 하더라도 더 좋은 아이템이나 모방 아이템, 저가격으로 무장한 타 여행사들 이 'me too' 전략으로 경쟁하고 있다. 즉, 영원한 성공 아이템은 없다고 할 수 있다. 따라 서 지속적으로 고객이 싫증을 느끼지 않도록 새로운 아이템과 서비스의 개발이 필요하다. 아울러 인건비 절감과 계수 관리를 철저히 하고 분석하여 매출을 늘리고 효율적인 경영을 할 수 있도록 연구해야 하는데, 특히 동종 업계의 정보를 수집하는 노력을 게을리 하지 않 아야 한다.

특히 경영 환경의 변화를 거시적으로 파악하는 것이 창업의 성공에 도움이 된다. 현대 는 산업 사회로부터 정보 사회로 전환하고 있기 때문에 정보·고학력 및 고품질 인적 자

원의 중요성이 증대되고 가치관의 다양성과 다원성이 증가하며 정보 통신과 교통수단의 발달에 따른 지리적 개념이 퇴조하고 있어 새로운 조직과 관리 체계의 도입이 요청되고 있다.

이와 같이 정보화 사회 또는 초산업 사회로 이행되면서 지식이 중요한 기업 창출의 요소가 되고 있다. 이러한 다변화 다양화 시대에서는 여행업도 목표 시장을 세분화하여 상품 자체를 수용자의 욕구에 따라 전문화하거나 차별화하여 기술이나 서비스 능력을 가지고 대응할 수 있어야만 한다.

또한 시장 동향을 예측하고 변화하는 고객 욕구에 신속하게 반응하며 새로운 상품을 개발할 수 있는 빠른 대응력을 갖추고 창업해야 한다.

2) 창업자의 자질과 경영 능력 판단

창업자는 건강이 우선되어야 하고 노력과 끈기가 있어야 한다. 그리고 창업 분야의 전문 지식과 경험을 갖추고 있어야 하며 이를 토대로 예상되는 경쟁 상대와 비교 검토하여 자신의 적성과 주위의 여건을 점검하여야 한다. 또한 경제적 환경 적응력과 분석 및 판단 능력, 창업자 주변의 인간관계, 가정적 안정, 가능성에 대한 집념도 필요하다.

현대의 창업은 의식주를 해결하기 위한 수단이라기보다는 개인의 직업관에 따라 자아실현의 장으로 활용할 수 있을 때 긍지를 가질 수 있고, 기업의 이해관계자로부터 협조와 지원을 받을 수 있다.

3) 사업 계획의 철저한 준비와 타당성 검토

사업을 시작할 때에는 누구나 계획을 세우기 마련이다. 사업 계획은 창업자의 경제적인 감각과 밀접한 관계가 있다. 창업자가 세운 계획에 따라 사업에 성공할 사람이냐 실패할 사람이냐 하는 것까지 알 수 있다.

그러나 사업을 시작하는 사람 중에는 건축 설계도처럼 중요한 사업 계획서를 소홀히 생각하는 경우가 많이 있다. 대충 계산하거나 대략적인 계획은 실패의 거울과 같다. 최근 온라인 여행업에도 이공계 출신의 젊은 기술 창업자가 많이 나타나고 있는데, 대부분 제품에 대한 특성만 고려하여 자금 관리, 마케팅 체계, 시장 특성, 관리 능력의 미숙으로 어려움을 겪는 경우가 많이 있다.

사업 계획서는 창업하려는 사업에 대한 모든 사항을 체계적으로 정리한 자료로서 사업의 성공 가능성을 높여주고 계획적인 창업을 가능케 한다. 이는 창업 기간을 단축시켜 주는 것은 물론 사업 성과에도 많은 영향을 미친다. 따라서 창업 준비 과정에서 반드시 작성하고 창업 절차에 따라 톱니바퀴처럼 맞물려 실천해야 한다.

사업 계획서를 작성하기 전에 우선 분석해야 할 것들이 있다. 즉, 창업 타당성, 시장성, 성장 가능성, 자금 조달 계획 등이다.

첫째, 창업 타당성을 분석할 때에는 먼저 창업자 자신이 사업을 효율적으로 운영할 수 있는지를 점검해야 한다. 체크 포인트는 스스로 사업 계획을 수립할 능력이 있는지, 사업가로서 자질이 있는지, 금전 감각이 있고 경영 능력이 있는지를 분석해야 한다.

둘째, 시장성을 분석한다. 시장 분석은 시장 동향을 파악하고 경쟁력을 분석하는 데 관건이다. 또한 수요 분석과 판매 전략 분석 등도 병행해야 한다.

셋째, 사업성을 분석한다. 예상 투자 금액과 마진율, 예상 매출액, 수익률과 손익분기점 등을 분석해 과연 수익성이 있는 사업인지를 검토하는 것이다.

넷째, 성장 가능성과 자금 조달 계획을 분석한다. 계획하고 있는 사업의 위협요소와 성장 가능성을 알아보고 소요 자금의 규모와 조달 방법, 차입금 상환 능력을 검토하는 단계이다.

이와 같은 분석을 바탕으로 만든 사업 계획서에는 판매 아이템, 주요 소비자 계층, 시장 특성, 입지 조건, 시장 확보 전략, 판매 전략, 자금 조달 방법 및 예상 자금 규모, 차입금 반환 방법과 시기, 종업원 확보 등 여행사 창업에 관련된 모든 사항들을 포함해야 한다. 그리고 사업 실패 시에 대비하여 대체 사업의 가능성, 객관적인 사업 타당성을 검토하여야 한다.

4) 최적의 창업 업종, 품목 선택

여행 목적지를 먼저 정해야 그것에 맞는 여행 준비를 할 수 있듯이 창업 아이템을 먼저 정해야 거기에 맞는 창업 준비를 할 수 있다. 창업자가 창업의 뜻을 굳히고 나면 당연히 창업 아이템을 찾아 나서게 된다. 창업은 자신의 전공과 경험을 최대한 살리고 기술적인 특성과 경영의 노하우가 축적되어 있는 분야에서 시작해야 성공 가능성을 높일 수 있다.

최근 여행객의 욕구가 다양화, 개성화됨으로써 여행 상품의 수명이 짧고 다양하게 변화되고 있으므로 목표 시장을 명확히 설정하지 않으면 마케팅 전략에 혼란을 가져올 수 있다.

또한 사업 품목이 경쟁적 측면에서 확실히 시장에서 판매될 수 있는 제품이어야 한다.

최근에는 기술과 경영 기법이 새롭고 다양화되면서 기술 창업 이외에도 아이디어의 사업화, SIT, 실버 시장을 비롯한 틈새 시장을 겨냥한 여행사의 창업도 증가하고 있다.

이밖에도 컴퓨터를 활용한 온라인 여행업, 개별 자유 여행 수요 증가와 함께 등장한 현지 투어 1:1 맞춤 여행 시장 분야에서 성공적으로 창업 기업을 경영하고 있는 경우가 많이 나타나고 있다. 이들은 업종 내지 아이템의 최적 선택으로 시장 진입과 자금 조달에도 어려움 없이 수월하게 기업을 경영하고 있다.

5) 사업 규모 결정

사업 규모의 결정 문제는 창업 성패와 직결된다고 해도 과언이 아니다. 지금까지 많은 창업 실패자들의 경험을 심층 분석해보면 매출 부진, 경영 능력 부족, 자금 부족 등의 요인 이외에 과다한 사업 규모에 기인하는 경우가 많이 있는 것으로 나타나고 있다. 그만큼 적정 사업 규모의 결정은 창업 성공의 주요 요소가 된다. 따라서 현명한 창업자라면 과도한 욕심을 버리고 적정 사업 규모로 사업을 시작하는 것이 매우 중요하다.

창업자가 창업 단계에서 사업 규모를 결정하는 데 있어서 중요한 역할을 하는 사업 규모 결정 요소는 크게 나누어 기업 요소와 경영자 요소로 분류하여 볼 수 있다.

기업 요소는 창업하고자 하는 여행사 자체의 성격과 특성 때문에 사업 규모 결정 시 상당한 제약이 수반되는 요소로서 경쟁사와의 경쟁력 제고 측면에서 기본적으로 갖추어야 할 제반 기본 시설 요건에 부응하기 위해 일정 규모 이상의 투자를 요구받게 되는 경우를 말한다.

이와 같은 기업 요소에는 ❶ 영위하고자 하는 업종 및 제품 ❷ 사업 수행에 필요한 기본 인력 ❸ 업계 평균 시설 규모 등이 있으며, 이들 요소에 의해 사업 규모가 일반적으로 결정된다.

반면 경영자 요소는 기업 요소에 비해 사업 규모 결정 시 신축성이 부여되는 창업자의 능력 요소로서 ❶ 조직 운영 능력 및 자질 ❷ 자금 조달 능력 ❸ 기업 환경 적응도 등의 요소를 말한다. 경쟁력이 있는 회사냐 없는 회사냐의 문제는 바로 이 경영자 요소에 의해 결정된다고 볼 수 있다.

이와 같은 두 가지 요소의 상호 관계를 살펴볼 때 기업 요소는 어떤 창업 기업이든 기존 기업과의 경쟁에서 뒤지지 않기 위해 적어도 같은 업종의 기존 기업보다는 더 좋은 시설과 인력을 확보하지 않으면 안 되며, 한 걸음 더 나아가 이들과 경쟁하여 이기기 위해서는 경영자적 능력을 최대한 발휘하지 않으면 안 된다. 즉, 경쟁 기업과 비교하여 색다른 경영 비법을 가지고 경영에 임해야만 경쟁에서 승리할 수 있으며, 경쟁에서 이겨야만 창업을 성공적으로 이끌 수 있는 것이다.

6) 자기 자본과 추가 자금 조달 계획

창업은 분수에 맞는 사업 규모로 결정하고 자금 조달 능력은 철저히 준비하여야 한다. 여행업을 비롯한 우리나라의 기업가들은 사업 자금의 절반 이상을 타인 자본으로 조달할 생각을 하는데 반해, 중국인들은 사업 시 해당 사업에서 필요한 소요 자금의 배만큼 자기 자본을 준비하여 창업한다고 한다. 특히 창업자들은 대부분 계획 사업의 차질에 따른 추가 자금 조달의 어려움으로 도산하는 사례가 가장 많이 나타나고 있다.

자본금을 구성하는 경우 동업을 하더라도 과점 주주가 있는 것이 바람직하고, 동등한 지분 소유는 지양하는 것이 바람직하다. 왜냐하면 소유와 경영이 엄격히 분리되는 경우는 상관이 없지만, 동업 시 경영권 문제로 사업 수행에 많은 문제를 일으킬 수 있기 때문이다.

타인 자본의 조달은 가능한 제2 금융권이나 사채는 계획하지 않는 것이 바람직하다. 비록 조건이 까다롭더라도 가능한 정부, 지방 자치 단체, 금융 기관의 주요 시책 자금을 활용하면 저리의 금융 지원을 받을 수 있으며, 기술 집약적이거나 시장성이 있는 제품의 생산·판매 기업은 벤처 캐피탈 회사인 신기술 금융 회사나 창업 투자 회사를 활용하는 것도 바람직하다.

현재 성장성이 있는 유망한 창업 기업에 투자하는 벤처 캐피탈이 활성화되고 있다. 벤처 캐피탈을 이용하기 위해서는 사업 타당성이 있어야 하는데, 일반적으로 업종의 전망, 경영자의 능력, 기술 수준 및 기술 개발 능력, 제품의 시장성, 증권 시장 공개 가능성 등이 투자 결정 시 고려 요소가 된다.

2 창업 시기

사업은 호경기에 시작하는 것이 좋다고 보는 견해가 적지 않다. 지금은 금융 위기에 따른 경기 침체의 영향으로 국내외 환경이 창업을 하기에는 매우 어려운 것이 사실이다. 그러나 사업은 일시적인 경제 활동이 아닌 장기적인 경제 활동이라는 것을 고려할 때 오히려 불경기에 사업을 시작하는 것이 더 현명하다고 볼 수 있다.

그 이유를 지적하면 다음과 같다.

첫째, 보다 철저하고 신중한 사업을 추진할 수 있다. 불경기에는 기존 기업의 경우에도 시설들을 자제하고 사업 확장을 꺼리는 편이다. 또한 창업의 열기도 높지 않은 것이 일반적인 현상이다. 따라서 철저한 사업 계획을 수립할 수밖에 없고 사업 추진도 신중해질 수밖에 없다. 왜냐하면 실패의 두려움이 앞서기 때문이다. 이와 같이 철저하고 신중한 사업 착수는 오히려 사업을 성공으로 이끄는 열쇠가 될 수 있다.

둘째, 경쟁자가 비교적 적은 상태에서 사업을 시작할 수 있다는 점이다. 어떤 사업이든지 경쟁자만 없다면 기본적으로 성공 가능성이 높다.

이런 관점에서 불경기에는 신규 창업도 호경기에 비해서 적을 뿐만 아니라 기존 사업의 경우에도 사업 확장을 주저하고 있기 때문에 사전에 꾸준히 준비를 해온 창업자의 경우에는 불경기가 오히려 창업의 적기가 될 수 있다. 불경기가 지나고 호경기에 접어들면 오히려 급속한 영업 신장을 이룩하여 짧은 기간 내에 사업을 본 궤도에 올려놓을 수 있기 때문이다.

셋째, 주변 여건이 창업하기에 매우 좋다. 즉, 기존 여행사의 부도 및 사업 축소로 인해 저렴한 비용으로 좋은 입지, 좋은 시설을 선택해서 좋은 조건으로 사업장을 취득할 수 있다.

이외에도 경쟁자가 호경기보다 많지 않기 때문에 업종 선택이 비교적 용이하다든지 금융 기관에 대한 자금 수요가 적어서 금융 기관으로부터 자금 조달이 쉽다는 점, 종업원의 충원이 용이하다는 점 등도 불경기에 사업을 시작하는 장점이 된다.

그러나 주의할 점은 사전에 충분한 준비가 없었던 창업자가 단순히 불경기에 사업을 시작하는 이점만 믿고 실행에 옮겨서는 안 된다는 것이다. 갑작스런 퇴직이나 일시적 충동에 의해 사업을 시작하는 경우에는 오히려 호경기에 사업을 시작하는 것이 바람직할 수도 있다.

③ 사업 타당성 분석

최근 "아이디어는 돈이다"라는 말이 매스컴을 통하여 수없이 흘러나온다. 이것은 아이디어의 중요성을 강조하는 표현일 뿐이다. 아이디어는 돈이 아니다.

아이디어가 돈이 되게 하기 위해서는 여러 중간 과정을 거쳐야 하는데, 특히 중요한 것이 사업 타당성 조사이다. 대부분의 창업자가 사업 타당성 조사를 소홀히 하거나 주관적으로 유리하게 생각하고 사업을 하는 경우가 많은데 이 경우가 대부분 실패하는 사례가 된다.

창업자가 사업 타당성 조사를 하는 것이 쉽지 않는 것은 사실이다. 그러나 이 조사를 소홀히 한다면 창업자는 사업에서 100% 실패할 수 있다. 객관적인 조사를 실시하고 판단하되, 다시 한번 재검토의 과정을 거쳐야 실패율을 줄일 수 있다.

1) 사업 타당성 분석의 개념

사업 타당성 분석이란, 창업 후 경영 활동 결과 목표 이윤의 달성 가능 여부를 사전에 객관적으로 조사 및 검토하는 과정을 말한다. 그러므로 사업 타당성 분석으로 창업자 자신의 주관적인 사업 구상을 객관적이고 체계적인 분석을 통해 창업 성공률을 높일 수 있고, 창업 준비 기간의 단축과 체계적인 분석을 통하여 창업 성공률을 높일 수 있으며, 창업기간의 단축과 효율적인 창업 업무를 수행하는 데 도움을 받을 수 있다.

많은 창업자들이 사업 타당성 분석과 사업 계획서 작성을 혼동하는 경우가 있는데, 이두 개념은 서로 다르다. 사업 계획서는 사업성 검토 후 사업 타당성이 인정된 경우에 작성하는 것으로 사업의 내용, 경영 방침, 시장성, 기술성, 수익성, 소요 자금 조달 계획, 인력계획 등을 반영한 것이다. 따라서 사업 계획서는 창업자가 회사를 설립하고 지속적으로

성장하기 위한 구체적인 의지를 정리한 설계서로 볼 수 있다. 그러므로 사업 계획서를 작성하기 전에 사업 타당성의 분석은 필수적이다.

2) 사업 타당성 분석의 필요성

사업 타당성 분석은 창업의 요소와 요건을 갖추고 재화와 용역을 생산·판매할 경우, 즉 기업의 경영 활동을 수행할 경우, 기업 경영 본래의 목적인 경제성(목표 이윤)의 달성 가능 여부를 사전에 조사·검토하는 것을 말한다.

창업 사업의 성공 여부는 창업자 자신 및 창업과 직접 관련된 사람은 물론 경제적·사회적 측면에서도 매우 중요하므로 창업에 앞서 체계적인 사업 타당성 분석은 다음과 같은 이유에서 필요하다고 할 수 있다.

첫째, 체계적인 사업성 분석은 구상하고 있는 기업의 형성 요소를 정확하게 파악하는 것이 무엇보다 필요하다.

둘째, 체계적인 사업성 분석은 기업의 설계 역할을 할 뿐만 아니라 기업의 최적 규모와 최대 이윤을 위해서 필요하다.

셋째, 체계적인 사업성 분석은 창업자의 경영 능력을 향상시켜 준다.

따라서 사업 타당성 분석에는 사업 구상안에 대한 분석을 기초로 기타 창업 요소와 요건에 대한 타당성을 검토하면서 다음과 같이 단계적으로 구분하여 수행된다.

(1) 시장성 분석

시장성 분석이란 계획하고 있는 상품을 어느 정도 판매할 수 있는지를 조사하는 일이며, 시장 조사는 사업 아이템의 선별 수단으로 이용될 수 있다. 따라서 시장 조사란 시장을 발견하고 분리하며 계량화할 수 있는 자료를 조사하고 분석하여 판매량을 추정하기 위한 활동으로서 다음과 같은 사항을 포함한다.

❶ 시장의 특성
❷ 수요 분석
❸ 공급 분석
❹ 미래 수요분석

❺ 시장 점유율 추정

(2) 기술성 분석

기술성 분석은 프로젝트가 기술적으로 타당한가를 조사하고 이의 타당성이 인정되는 경우 기술적으로 실현 가능한 여러 가지 대안 중에서 잠정적인 선택을 하고, 그 대안들에 대한 원가를 추정하는 활동을 말한다.

기술성 분석의 내용은 다음과 같다.

❶ 제품의 용도 및 특성
❷ 생산 일정
❸ 제조 공정
❹ 위치 선정 및 레이아웃
❺ 소요 노동력

(3) 경제성(재무) 분석

여행업을 비롯한 기업의 목표는 이윤의 추구에 있으므로 시장성 분석과 기술성 분석을 통하여 획득한 자료를 종합해 재무제표를 추정하고 필요한 자본의 규모를 결정하며 투자안의 경제성을 평가하는 활동을 수행하게 된다. 사업의 내용이 시장성과 기술성을 만족시킨다 하더라도 최종적인 투자 결정은 경제성의 여부에 있다고 하여도 과언이 아니므로 경제성 분석은 매우 신중히 실시되어야 한다. 경제성 분석을 위한 방법은 다음과 같다.

❶ 회수 기간법

투자에 소요된 모든 비용을 회수하는 데 걸린 기간을 구하여 투자 결정을 하는 방법

❷ 평균 이익율법

투자로 인한 연평균 회계적 순이익과 연평균 투자액의 비율을 구하여 투자 결정을 하는 방법

(4) 공익성 분석

공익성 분석은 사업 계획이 공익에 미치는 손해와 이익을 조사하는 활동을 말한다. 여행은 현대에 와서는 인간이 누리는 기본 권리의 하나로 인정되고 있는 만큼 여행업은 영리성 추구 이외에 기업의 사회적 책임이라는 부수적인 목적을 지니므로 사업 계획이 공공의 안녕과 질서를 저해한다든가 국민 경제적 측면에서의 기여도가 없는 경우에는 기업화가 허용되지 않을 수도 있다. 그러므로 사업 타당성 분석에 있어서 이 부분에 대한 검토도 소홀히 하여서는 안 된다. 공익성 분석에서의 고려 사항은 다음과 같다.

❶ 부가 가치 효과
❷ 국제 수지 효과
❸ 고용 효과
❹ 지역 경제 활성화 효과 등

3) 사업성 검토의 단계

사업성 검토의 단계는 사업 구상 단계에서 창업까지 각 단계별 분석 내용을 종합적으로 검토하여 의사 결정을 하는 과정으로, 먼저 사업 아이디어를 구상하게 되면 예비 사업성 검토를 통하여 사업성 여부를 가늠한 다음 시장성·기술성·공익성 측면에서의 사업 타

표 10-1_ 사업 타당성 분석의 조사 범위

시장성	기술성	경제성	공익성
· 시장 조사 · 소비자 조사 · 시장 세분화 · 제품 포지셔닝 · 동종 업계 조사 · 총수요 및 점유율 예측 · 가격 결정 및 매출액 추정	· 제품의 기술적 특성 · 입지의 적합성 · 생산 설비와 장비 · 생산 지원에 대한 검토 · 공장 규모와 건설 계획 · 시설 소요 자금의 검토 등	· 생산·구매·판매·일반 관리 계획 · 원가 비용 추정 · 추가 재무제표의 작성 · 재무 상태 및 경영 성과 분석 · 자금 수지 분석 · 현금 흐름의 추정 · 할인율의 추정 · 위험 분석	· 부가 가치 효과 · 고용 효과 · 지역 경제 활성화

당성을 검토하게 된다. 이 같은 단계를 거쳐 타당성이 인정되면 창업 조직을 결성하고 사업 계획서 작성 등의 창업 과정을 거친다.

3 사업 계획서

1 사업 계획서 작성

1) 사업 계획서의 개념

사업 계획서란 창업자가 창업 기업을 적정 입지에 설립하여 그 사업을 지속적으로 성장·발전시켜 나갈 사업의 복안을 구체적이고 체계적인 방법으로 정리·기술한 계획서라고 정의할 수 있다. 사업 계획서를 작성하는 것은 우선 창업의 시기를 언제로 할 것인가를 판단하는 데 큰 도움이 된다. 단순한 열망에서 기업을 하나 만들어 보겠다는 일시적인 현상에서 벗어나 수년 혹은 수십 년 동안 경험을 축적하고 능력을 길러 온 그 기초 위에서 사업의 성공 가능성을 점검하는 검증 과정이 사업 계획서를 작성하는 목적이고 목표이다. 따라서 사업 계획서의 준비는 제안된 문제들을 분석해 보는 기회를 제공할 뿐만 아니라 유능한 창업자가 준비의 소홀과 미비로 창업 과정에서 실패하는 것을 방지해 주는 역할도 아울러 수행하게 된다.

2) 사업 계획서 작성의 중요성

사업 계획서는 창업 과정에 있어서 매우 중요한 요소로서 그 중요성을 기술하면 다음과 같다.

첫째, 창업 과정에서 사업 계획서의 작성은 계획 사업에 관련된 제반 사항을 작성하는 자료이다. 즉, 이는 계획 사업의 내용, 시장의 구조적 특성, 소비자의 특성, 시장 확보의 가능성과 마케팅 전략, 계획 제품에 대한 기술적 특성, 생산 시설, 입지 조건, 생산 계획과 더

불어 계획 아이템에 대한 향후 수익 전망, 투자의 경제성, 계획 사업에 대한 소요 자금 규모 및 조달 계획, 차입금의 상환 계획, 조직 및 인력 계획 등 창업과 관련되는 제반 사항을 객관적이고 체계적으로 작성하는 아주 중요한 자료이다.

둘째, 사업 계획서는 계획적인 창업을 가능하게 하여 창업 기간을 단축시키고 계획 사업의 성취에도 커다란 기여를 함으로써 창업자 자신을 위한 사업의 성공 가능성을 높여 준다.

셋째, 창업에 도움을 줄 제3자, 즉 동업자, 출자자, 금융 기관, 매입처, 매출처, 더 나아가 일반 고객에 이르기까지 투자의 관심 유도와 설득 자료로 활용도가 매우 높다.

3) 사업 계획서 작성 원칙 및 유의 사항

사업 계획서의 작성에 있어서 명시된 원칙은 없지만, 일반적으로 통용되는 사업 계획서의 작성 원칙 및 유의 사항은 다음과 같다.

첫째, 사업 계획서는 충분성과 자신감을 바탕으로 작성되어야 한다. 창업자 자신이 가지고 있는 사업 아이디어를 제3자에게 설득력 있게 납득시키는 것이 사업 계획서의 제1 목적이다.

둘째, 사업 계획서는 객관성이 결여되어서는 안 된다. 자칫 자신감이 너무 지나쳐 제3자가 느끼기에 허황되고 실현 가능성이 없다고 판단될 때는 신뢰성에 큰 타격을 입을 수 있다. 따라서 공공 기관 또는 전문 기관의 증빙 자료를 근거로 시장 수요 조사와 최소한의 회계적 지식을 가지고 매출액과 수익이 추정되어야 한다.

셋째, 계획 사업의 핵심 내용을 강조하여 부각시켜야 한다. 평범한 사업 계획은 제3자의 호감을 사지 못한다. 계획 제품이 경쟁 제품보다 소비자의 호응이 있다는 기대를 가지고 제품의 특

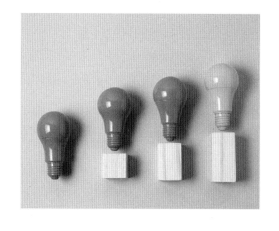

성을 중심으로 설명하되, 잡다한 부수적 생산제품보다는 창업초기의 전략상품을 중심으

로 적게는 보통 1~2종, 많더라도 3종을 넘지 않는 범위 내에서 핵심적으로 상품을 설명할 필요가 있다.

넷째, 제품 및 기술성 분석에 대한 내용은 전문적인 용어의 사용을 피하고 단순하고도 보편적인 내용으로 구성한다. 해당 제품 자체의 설명에만 국한하지 말고 관련 사업, 관련 업종의 내용부터 접근하는 것이 필요하며, 제품 생산 공정을 구체적으로 설명할 필요가 있다. 또한 제품 및 기술성 분석 근거 자료로서 공공 기관의 기술 타당성 검토 보고서 또는 특허 등의 관련 증빙 서류를 첨부함으로써 신뢰성을 높여줄 필요가 있다.

다섯째, 자금 조달 및 운용 계획은 정확하고 어느 정도 실현 가능성이 있어야 한다. 창업자 자신이 조달 가능한 자기 자본은 구체적으로 현금과 예금이 얼마이며 부동산 담보 등에 의한 조달액이 어느 정도 되는지를 표시함으로써 제3자에게 창업자의 자금 조달 능력에 대한 신뢰를 줄 수 있다. 그 후 동업자 및 금융 기관 등으로부터의 조달계획을 구체적으로 표시해야 한다.

여섯째, 계획 사업에 잠재되어 있는 문제점과 향후 발생 가능한 위험 요소를 심층 분석하고 예기치 못한 사정으로 인하여 창업이 지연되거나 불가능하게 되지 않도록 다각도에 걸친 점검이 요구된다.

4) 사업 계획서에 포함할 내용

사업 계획서에 포함될 내용에는 사업의 타당성이 검증되고 성공 가능성이 높다고 확신되는 참신한 사업 아이디어에 대한 구체적인 설명과 함께 사업을 성공시키기 위한 입지 계획, 마케팅 계획, 재무 계획, 사업 개시 초기의 회사 운영 계획 등이 포함되어야 한다.

5) 사업 계획서 양식

사업 계획서의 양식은 업종과 용도에 따라 다를 수 있지만, 대개는 유사한 내용을 포함하고 있으므로 다음의 사업 계획서 양식을 참고한다.

6) 사업 계획서 작성의 기본 순서

사업 계획서 작성의 제1 단계는 사업 계획서의 목적에 따라 기본 방향을 설정하는 일이

다. 기본 목표와 방향이 정해지지 않으면 사업 계획서가 초점을 잃기 때문이다.

제2 단계는 사업 계획서 작성 목적 및 제출 기관에 따라 소정 양식이 있는지 미리 알아보는 단계이다. 구체적으로 어떤 은행, 어떤 신기술 사업 금융 회사냐에 따라서 그리고 어느 창업 투자 회사에 지원 요청을 할 것인가에 따라서 그 내용이 다소 차이가 날 수 있기 때문이다.

제3 단계는 사업 계획서 작성 계획의 수립이다. 대부분의 사업 계획서는 사업 계획 추진 일정상 일정 기한 안에 작성해야 할 필요성이 있는 경우가 많이 있다. 자금 조달을 위한 경우든 사무실 입지를 위한 경우든 관련 기관에 세출하기 위해서는 빠른 기간 내에 작성하지 않으면 안 되기 때문이다.

제4 단계는 사업 계획서 작성에 직접 필요한 자료와 첨부 서류 등을 철저히 준비하는 일이다. 흔히 사업 계획서 작성 시 이상의 3단계까지의 절차를 거치지 않고 자료 수집부터 하는 경우가 있다. 그러나 이것은 불충분한 자료 수집 때문에 다시 자료 수집을 해야 하는 경우도 생기고, 경우에 따라서는 많은 시간 낭비를 가져올 수도 있기 때문에 사전에 충분한 자료 수집이 필요하다.

제5 단계는 작성해야 할 사업 계획서의 양식을 만드는 일이다. 제2 단계에서와 같이 특정 기관의 소정 양식이 있는 경우에는 그 양식에 의거 미리 작성해야 할 사업 계획서의 양식을 만들 필요가 없다.

제6 단계는 실제 사업 계획서를 작성하는 일이다. 제출 기관에 따라 사업 계획서 작성 방법을 간단히 설명하고 있는 경우도 있지만, 그것만으로는 충분하지 않다. 따라서 사업 계획서 작성자는 사업 계획서 작성 요령을 미리 숙지하여 둘 필요가 있다.

제7 단계는 편집 및 제출이다. 사업 계획서는 내용도 중요하지만, 그 내용을 포괄하고 있는 표지 등 편집도 매우 중요하다. 따라서 정성을 다하고 모양을 새롭게 하여 제출 기관으로부터 좋은 인상을 받도록 마지막까지 신경을 쓸 필요가 있다.

② 사업 계획서 작성 양식

1) 기업체 현황

(1) 업체명 : 대표자

❶ 법인의 경우

법인 등기부상의 정확한 명칭을 기입하되 한자를 병기한다.(예 경주관광(주) 대표이사 홍길동)

❷ 개인의 경우

사업자 등록증상의 명칭을 기입(한자 병기)하되 법인으로 오인되지 않도록 개인임을 분명히 명시하여 기입한다.(예 경주여행사〇〇〇, 또는 홍길동)

(2) 설립(예정)일

❶ 법인의 경우

법인 등기부상의 설립 등기일을 기재하되 설립 예정인 경우는 예정일을 기재한다. 흔히 사업자 등록증상의 설립일을 기록하는데, 이는 틀린 것이다.

❷ 개인의 경우

사업자 등록증상의 개업일을 기재한다.(설립 예정일 법인과 동일)

(3) 업종 및 주제품

❶ 업종

한국표준산업분류표상의 세세분류(5단위)를 기입하되 표준산업분류 번호도 병기한다.

❷ 주제품

생산 또는 판매 제품(상품)을 구체적으로 기입하되 주 생산품이 여러 종류일 때는 매출액을 기준으로 2~3종을 기재한다.

(4) 조직 형태

법인 또는 개인으로 기재하되 법인의 경우는 (   ) 안에 주식, 유한, 합자, 합명 회사를 기입한다.

(5) 상시 종업원 수

최근 2개월 이내 근로 소득 계급별 소득세액 징수명세서 또는 소득세 징수액 집계표상의 종업원 수를 기재하되 일용 근로자 등이 있는 경우에는 별도 표시한다.

(6) 주소

❶ 본사

법인인 경우에는 법인 등기부 등본상의 본사 주소를, 개인인 경우는 사업자 등록증 및 인감 증명서상의 주소를 기입한다.

❷ 현 사업장 및 계획 사업장

현 사업장 주소는 사업장 소재지 부동산 등기부상의 주소를 기입하며, 사업장 이전 및 신축 계획이 있는 경우는 예정지의 토지 등기부 등본상의 주소를 기입한다.

(7) 사업장 현황

❶ 용도 지역 구분

국토이용관리법 및 도시계획법에 의한 지역을 기입하되 공업 지역(전용, 일반, 준공업 지역), 상업 지역(일반, 근린, 중심 상업 지역), 주거 지역(전용, 일반, 준 주거 지역), 기타 해당되는 지역명을 기재한다.

❷ 소유 형태

자가 사업장인 경우는 자가, 임차 사업장인 경우는 임차라고 기재한다.

③ 규모

사업장 규모는 대지·건물은 ㎡으로 통일하여 기입하고, 설비는 중심 설비를 기준으로 수량(대)을 기입한다.

(8) 결산일 및 자본금 등

① 결산일

정관(법인) 또는 사업자 등록증(개인)상 결산일을 기입한다.

② 자본금

납입 자본금을 기록하되 자기 자본을 (   ) 안에 병기한다.

(9) 기타 특기 사항

① 사업자 등록 번호

법인, 개인 모두 사업자 등록증상 등록 번호를 기재한다.

② 인허가 등록

정부나 공공 단체에서 인허가받은 내용을 기재한다.(예 기획 여행업 번호×××)

③ 현재 및 단체 가입 상황

해당 업종의 협회, 연합회, 조합, 기타 단체 가입 일자 및 내용을 기입한다.

④ 은행 등 우대 사항

정부 또는 금융 기관의 우량 중소기업과 같은 선정 내용 등을 기재한다.

2) 업체 연혁

업체 연혁은 발생 일자별로 핵심 내용을 기입한다.
주요 내용은 ❶ 회사 설립 ❷ 자본 증감 ❸ 상호 변경 ❹ 대표자 변경 ❺ 자산 재

평가 ❻ 사채 발행 ❼ 규격·표시 획득 ❽ 경영권의 양도 및 승계 ❾ 업종 변경 및 추가 ❿ 신상품 개발 ⓫ 기술 도입 ⓬ 주요 시설 증설·개축 ⓭ 상훈 ⓮ 우량 중소기업 등 선정 ⓯ 조직·직제 변경, 기타 경영 변경 내용 등을 기록한다.

3) 창업 동기 및 창업의 기대 효과

(1) 창업 동기

창업 업종과의 관련 내용, 창업 업종에 대한 노하우 등을 기재한다.

(2) 사업의 기대 효과

- 경제 및 산업에 대한 효과
- 지역의 소득 향상 기여도
- 고용 창출 기여도
- 기술 향상 효과 등을 기재한다.

4) 사업 전개 방안 및 향후 계획

향후 사업 추진상 희망적인 계획을 기술하되 주로 ❶ 연도별 시설 투자 계획 ❷ 마케팅 강화 방안으로써 영업 조직의 활성화 및 증설 계획 ❸ 신제품 개발 전략 ❹ 조직 및 인력 확대 계획 등을 기술하고 창업 초기의 기업인 경우는 창업 일정 및 추진 계획 등을 포함하여 기술하는 것이 바람직하다.

작성상 주의할 점은 이후 기술되는 사업 계획서의 각 항목과 상호 모순되지 않도록 연계성을 유지하여야 된다. 따라서 작성상 기교는 시설 투자 계획과 자금 운용, 조달 계획을 작성한 후 이들 내용을 작성함으로써 상호 모순이 없도록 작성하는 것도 하나의 방법이 될 수 있다.

5) 조직 및 인력 계획

(1) 조직도

조직도는 회사의 규모 및 실정에 맞게 부 또는 과 단위까지 작성하되, 필요시 계 단위까지 작성하는 것을 원칙으로 한다. 또한 조직은 현재의 조직도는 실선으로, 향후 추가될 부·과·계 등은 점선으로 표시하고, 각 부·과·계의 밑에 근무 인원 수를 (   )로 표시하는 것도 좋다.

여행업의 경우에는 종업원 수와 자산 규모 등이 매우 다양하게 나타난다. 즉, 창업자가 종업원 1~2명과 경영하는 경우도 있어 조직도 자체가 필요없는 경우도 있지만, 종업원이 10명 이상이 되는 경우는 조직의 활성화를 위해서 해당 기업의 실정에 맞게 업무를 체계적으로 분담하여 작성할 필요가 있다. 자칫 조직도를 형식적으로 생각하기 쉬우나 사업 성공의 열쇠는 바로 이 조직도에 숨어 있을 수도 있다. 중소기업 특히 창업 기업에 있어서 종업원 관리는 전적으로 창업자의 능력에 달려 있다고 할 수 있다.

(2) 대표자 및 경영진 현황

대표자 및 경영진 현황은 다음 항목에 의거하여 작성한다.
* 직위 : 현재 회사 내의 직책 또는 담당 업무를 기록한다.
* 성명 : 한글과 한자를 병기한다.
* 연령 : 현재 연령을 만으로 표시하되 (   ) 안에 생년월일을 병기한다.
* 학력 : 교육 기관, 학교명, 전공 분야, 수학 상태(졸업·수료·중퇴) 등을 기록하되 최종 학력 외에 그 이전 단계 학력을 포함하여 기입한다.
* 경력 : 경력 기간 및 근무처 내용을 기입하되 근무처에는 근무 기업체명과 최종 직위를 표시한다. 기업체명 여백의 (   ) 안에 그 기업체의 주 생산 품목을 기입함으로써 과거 경력이 현 근무처와 어떤 연관성이 있는지를 표시한다.

- 교육 훈련 : 교육 훈련 기간, 실시 기관명, 과정명, 분야 등을 기입한다.
- 특기 사항 : 자격증 보유 내용, 상훈, 학위 취득 내용 등을 기입한다.

(3) 주주 현황

주주 현황은 회사가 보유하고 있는 주식 규모 및 출자액 등을 주주 명부에 의거 정확히 작성하여야 하며, 주주는 수시로 바뀔 수 있으므로 반드시 작성 기준일을 명시하여야 한다. 또한 전체적인 내용을 파악할 수 있도록 총 주식 수와 주당 액면 가액을 표시한다.

주주가 대기업 또는 대기업과 관련되는 경우에는 특기 사항란에 대기업 또는 대기업 관련으로 기재하고, 기업 법인(주식회사)이 출자자인 경우에는 중소기업이라 기재한다. 외국인 투자 기업인 경우에는 특기 사항란에 외국인 투자 기업 등록 번호를 기재한다.

주주 현황에 기입해야 할 주요 항목은 주주명을 한글과 한문으로 병기하고, 주주가 개인인 경우는 주민등록번호를, 법인인 경우는 사업자 등록증 번호를 기입한다. 보유 주식 수, 출자 금액, 출자 지분은 작성 기준일 현재의 각 주주별 출자 내용을 기입한다. 주식 취득일은 설립 시, 1차 증자 시, 2차 증자 시 등 출자가 이루어진 시점을 기준으로 주식 취득일별로 취득 주식 수를 기입한다. 또한 대주주와의 관계를 기입함으로써 각 주주의 상호 관계와 실제 경영주의 내용을 파악할 수 있도록 작성되어야 한다.

(4) 관계 회사 내용

관계 회사 내용은 당해 기업에 대한 출자 관계나 대표이사 또는 대주주의 관계가 있는 제3 기업의 내용을 기입함으로써 당해 기업 대표이사 등의 신용도를 표시한다.

주요 기입 항목은 업체별로 업체명, 설립 연월일, 주 생산품을 기입하며, 총자산, 자본금, 전년도 영업 실적은 직전 년도 결산 대차 대조표, 손익 계산서에 의거 정확히 작성하고, 당해 업체와의 관계는 출자 지분, 대주주와의 관계를 기입한다.

(5) 종업원 현황 및 충원 계획

종업원 현황 및 고용 계획은 창업 기업의 단순한 인적 구성 요소만을 아는 지표로써 사용되는 이외에 실질적으로는 기업의 기술 수준을 파악할 수 있는 척도가 되며, 종업원의 충원이 원활하여 생산·관리 등에 차질이 없는지, 인력난을 겪고 있는 최근의 상황을 감안할 때 종업원 충원이 용이한지를 살펴보는 좋은 자료이다.

각 연도별 종업원 수는 해당 년도 '소득 세액 징수액 집계표' 또는 '근로소득 계급별 소득세액 징수명세서'상에 기재된 월 급여자의 평균을 기재하되, 1차년도 이후는 특수 사정을 고려하여 현 여행사에서 지점으로 이주하는 인원과 현지에서 고용할 인원의 합계를 기록한다. 기준 연도 이후는 충원 인원을 포함한 계획 인원을 기입한다.

(6) 교육 훈련 현황 및 계획

교육 훈련 현황 및 계획은 전년도 실시 현황과 기준 연도 실시 계획을 구분하여 기록한다.

작성 방법은 교육 분야별로 교육 기간 순서에 따라 작성하되 교육 내용, 참가자 수, 실시 기관(자체 교육인 경우는 자체로 표시)과 교육 실시 효과와 기대 효과를 기입한다. 특기 사항은 교육 실시 상황 및 실시 계획상 특별한 내용이 있는 경우 기재한다.

6) 기술 현황 및 기술 개발

(1) 제품(상품)의 계획

제품(상품)의 내용은 매출액 또는 예상 매출액을 기준으로 주 생산품과 부 생산품으로 구분한 후 각 제품의 제품명, 표준산업분류표상의 세세 분류 번호(5단위 번호)를 기입한다.

(2) 제품(상품)아이템 선정 과정 및 사업 전망

아이템 선정 과정은 창업자의 과거 경력과 창업 아이템과의 관계, 아이템 선정 동기, 거래처와의 관계 등을 중심으로 기술한다. 사업 전망은 향후 국내외 시장 동향, 국내 수요처 및 수요량, 아이템 사업성 등을 심층 분석하여 계획 사업의 향후 전망을 기술한다.

 창업 자금의 조달과 운영

1 창업 자금 조달 전략

1) 창업 자금의 중요성

창업은 시작되면서 바로 자금이 필요해지는 경우와 그렇지 않는 경우도 있지만, 대부분 창업 초기부터 자금은 필요하다. 따라서 창업하는 사업의 종류에 따라 자금 규모나 자금 수요의 패턴이 달라지고, 창업이 실제로 어떠한 과정을 거치면서 진행되는가에 따라서도 자금 수요는 달라진다. 따라서 창업 자금의 확보는 현실적인 창업 추진의 출발점이라고 할 수 있다.

창업 성공의 기본적인 조건과는 다른 의미로 창업을 성공케 하는 결정적인 요인으로 창업 자금을 들 수 있다. 그것은 창업자가 의도하는 사업체를 경영하는 데 가장 필요하며 중요한 요소이기 때문이다.

창업자가 창업에 실패하는 요인으로는 경영 관리의 미숙과 시장 확보의 실패 또는 급변하는 사업 환경에 능동적으로 대처하지 못한 여러 가지 사유가 있겠지만, 결정적인 원인은 창업 자금의 부족에서 오는 경우가 대부분이다. 특히 여행업의 경우 부족한 창업 자금으로 사업을 시작하는 경우가 많이 있다. 따라서 무엇보다도 성공적인 창업이 되기 위해서는 충분한 창업 자금의 확보가 선행되어야 한다.

2) 창업 소요 자금의 종류

창업 자금, 즉 창업에 필요한 자금은 시설 자금과 운전 자금으로 구분이 된다. 시설 자금은 사업장을 확보하는 비용과 필요한 비품의 구입비, 운전 자금은 사업을 개시한 후 여행 상품을 판매해서 회사에 현금이 들어올 때까지 회사 운영에 필요한 재료비, 인건비, 경비 등이다.

◎ 그림 10-1_ 소요 자금의 분류

일반적으로 창업자들은 시설 자금에 대해서는 어느 정도 근접하게 예상 금액을 산출해 낸다. 여기저기 전화를 해서 가격도 알아보고 견적서도 받아서 비교해 보고, 적정한 가격으로 리스트를 뽑아본다. 그러나 중요한 것은 운전 자금에 있다.

사업을 시작한다고 해서 곧바로 회사에 자금이 들어오는 것이 아니다. 따라서 영업 활동으로 인하여 정상적인 자금 유입이 이루어지기까지의 시간, 즉 1회전 운전 자금의 기간을 일반적으로 여행업을 비롯한 서비스업 등은 1~2개월로 보고 있지만, 여러 가지 원인으로 인해 그 기간이 연장될 수도 있다. 그럼에도 불구하고 대부분의 창업자들은 운전 자금 소요 기간을 짧게 잡거나 아니면 대충 얼마 정도 필요할 거라는 주먹구구식 자금 계획을 잡는 경우가 많이 있다.

창업 소요 자금에는 사업의 종류에 따라 그 형태나 비용 항목들이 다르게 나타난다. 일반적으로 자금의 성격(용도)을 기준으로 하여 자산을 구입하는 자금으로 시설 자금, 경비로써 지출되는 자금으로 운전 자금, 기타 예비 자금으로 구분이 된다.

3) 창업 자금 조달 계획

(1) 소요 자금 예측

창업자가 창업에 소요되는 총자본을 정확하게 예측하기란 쉬운 일이 아니다. 그렇지만 아무리 작은 소규모 사업이라도 거기에 맞는 자금을 예측하고 계획대로 집행하는 일은 대단히 중요하다.

일반적으로 창업에 필요한 자금은 창업 준비 자금, 설비 자금, 운전 자금 등으로 나누어진다. 창업 준비 자금은 업종과 입지를 정하고 본격적으로 사업을 개시하기 이전까지의 자금을 말한다. 여기에서는 우선 상담 및 사업성 분석 시의 지출 자금이 포함된다.

어느 사업을 하든지 '무조건' 그 사업을 선택하는 사람은 거의 없다. 모두들 나름대로의 이유가 있기 마련인데, 그것을 확실하게 뒷받침해줄 수 있는 근거가 객관적인 조사 결과이다. 이것 역시 결론에 도달하기까지의 방법은 다양하지만, 충분한 검토와 과학적인 검증이 반드시 필요하다.

따라서 자신의 사업에 대한 소요 자금을 추정하는 과정에서 사업 개시 이전에 소요되는 분석 조사 자금도 염두에 두어야 할 필요가 있다. 창업 준비 자금으로는 이밖에 점포 소개 수수료와 개점 행사비 그리고 판촉물 준비비 등이 포함된다.

창업을 한 후에 소요되는 자금에 시설 자금과 운전 자금이 있는데, 시설 자금은 여행사의 점포에 소요되는 비용, 즉 점포 임대비, 신축비, 구입비 등이다. 이밖에 점포 인테리어비, 바닥, 도색, 조명, 벽, 집기, 외부 준비, 입구, 간판, 진열비 등이 준비되어 있어야 한다.

운전 자금은 월 임대료, 종업원 인건비, 재고 부담, 광고비, 접대비와 각종 공과금이 있을 수 있다. 이밖에 업종에 따라 별도로 들어가는 자금의 규모를 산출할 수 있다.

(2) 장기적인 계획하에서 준비

사업 과정에서 상품의 구입이나 일상적으로 지출하는 인건비나 관리비 등의 자금 조달은 사업 운영 과정에서 적자가 발생하지 않는 이상 어렵지 않게 해결할 수 있다. 그러나 점포가 오래되어 인테리어가 현재의 감각에 맞지 않아 새롭게 내부 시설을 단장할 필요가 있거나 취급하는 상품이 조만간에 가격이 오르거나 품귀 현상이 예상될 때 사업주의 입장에서는 많은 상품을 확보해야 한다.

이와 같이 일상적인 지출이 아닌 일시적인 지출이 필요할 때 그러한 자금의 여유가 있는 사업주는 그리 많지 않는 것이 대부분이다. 따라서 사채를 빌리거나 은행 대출을 이용하게 되면 차입금 이자라는 또 하나의 원가 상승 요인이 발생하여 경쟁력이 약화될 수 있다.

그렇기 때문에 인테리어의 교체나 점포의 확장 등 어느 정도 예측이 되는 자금소요를 대비해 장기 자금을 적립해 둘 필요가 있다. 장기 자금을 적립할 때 가장 쉽고 기본적인 것은 금융 기관을 통한 적금의 형태이다.

(3) 창업 자금은 1.5배 이상 준비

창업 자금은 사업을 위해 마련한 자기 자금과 타인으로부터 빌리게 되는 차입금이 있다. 이 중 자기 자금은 대개 저축한 예금이거나 그 동안 다니던 직장으로부터 받은 퇴직금과 부분적으로 토지 등의 부동산이나 일부 동산의 매각 대금도 포함될 수 있다.

차입금은 대부분 부모나 친지 혹은 친구 등으로부터 마련한다. 이러한 방법은 창업을 준비하는 많은 창업자들이 손쉽게 선택하는 방법 중의 하나이다. 하지만 그리 넉넉한 형편들이 아닌 만큼 실제 돈을 빌리려면 생각처럼 쉽지만은 않은 것이 사실이다. 즉, 약속한 사람이 다른 사정이 생기면 금액이 적어지기도 하고 전혀 빌려주지도 못하는 일이 우리 주변에서는 흔히 일어나고 있다.

그래서 다음으로 찾는 곳이 금융 기관이다. 그러나 금융 기관으로부터 대출을 받는 것도 어렵기는 마찬가지다. 소자본 창업을 꿈꾸다가도 자금 마련 과정에서 벽에 부딪쳐 사업을 포기하는 사람이 많은 것도 이러한 이유에서다.

그러나 이러한 난관은 얼마든지 헤쳐 나갈 수 있다. 문제는 창업을 꿈꾸었을 때부터 사업 자금 계획을 함께 수립하여 차근차근 준비해 나가는 데 있다. 대부분 자금 조달에 어려움을 겪는 사람일수록 사업 시작에 임박해서야 부족한 자금을 구하느라 허둥대는 사람들이다.

몇 년 후의 사업 계획을 세워 놓고 자금 마련을 위한 준비를 그때부터 시작한다면 아무리 개인적 여건이 좋지 않다고 해도 창업에 필요한 자금 조달의 방법은 나오게 되어 있다. 은행 대출을 위해서 최소한 상당 기간 은행과의 거래를 해야 하며 자금을 주변에서 빌리기 위해서도 사전 작업이 필요하다. 그런데 이러한 과정을 무시하고 자금을 조달하려 들면 어려움을 겪게 되는 것은 당연한 일이다.

또한 필요한 자금 규모를 너무나 빠듯하게 준비했다가 어려움을 당하는 경우도 있다. 실제로 사업을 시작해보면 미처 생각지도 않았던 비용 지출이 발생하게 되며 정상화되기까지 시간이 길어질 수 있으므로 어느 정도의 자금을 예측하고 준비할 필요가 있다. 한번

자기 사업을 펼친 경험이 있는 사람의 대부분이 준비하는 자금 규모는 업종에 따라 다르지만, 필요 자금의 1.5배 정도는 준비하는 것이 바람직한 것으로 조사되고 있다.

2 소요 자금 조달 계획서 작성

1) 소요 자금표의 기본 구성

창업자는 사업 자금을 생각할 때에 '돈을 어떻게 마련할까?' 하고 고민부터 한다. 그러나 자금 조달 방안을 생각히기 이전에 먼저 어느 곳에 얼미만큼의 돈이 들어갈 것인지에 대한 정확한 소요 자금표를 만들어야 한다.

소요 자금표의 작성은 쉬울 듯하지만 의외로 까다롭고 작성하기도 어려우며, 사업이 시작되면 그 예측이 빗나가는 경우가 많이 있다. 왜냐하면 미처 생각하지 못했던 곳에 돈이 들어갈 수 있고, 예상한 비용이었지만 생각보다 많이 들어가는 경우가 있기 때문이다.

그러므로 다소 번거롭더라도 일정한 형식을 갖춘 표를 작성하여 창업에 필요한 세부적인 비용 항목들을 열거한 후에 정확하게 추정하는 것이 필요하다. 정확한 소요 자금표의 작성은 창업한 후에 돈 때문에 쫓아다니는 고생과 시간을 많이 줄일 수 있다.

🚜 표 10-2_ 소요 자금 총괄표

구 분	비용 항목	금 액
시설 자금	유무형 고정 자산 및 기타 자산 매입비	
운전 자금	인건비, 재료비, 경비 등	
예비 자금	시설, 운전 자금의 10% 정도 계산	
계		

창업 소요 자금표는 하고자 하는 사업의 규모, 종류에 따라 그 형태나 비용 항목들이 다를 수 있다. 일반적으로 자금의 성격(용도)을 기준으로 하여 자산을 구입하는 시설 자금, 경비로써 지출되는 운전 자금, 예비 자금으로 구분이 된다.

2) 자금 조달 계획표의 작성

창업에 따른 소요 자금표가 작성되면 이제 이를 조달할 수 있는 방안을 강구해야 한다. 창업 자금의 조달은 크게 자기 자금과 타인 자금으로 구분할 수 있으며, 현금이 아니라도 현물이나 시설을 빌려와서 쓸 수 있다.

자기 자금은 창업자 또는 동업자가 가지고 있는 현금이나 현물을 의미하며, 타인 자금은 자기 자금 이외에 외부로부터 조달하는 모든 차입금을 말한다.

자금 조달 계획표는 창업자의 자금 조달 여건이나 능력에 따라서 그 세부 내용이 여러 가지로 나타날 수 있는데, 그 기본 구성은 창업자 또는 동업자가 가지고 있는 자기 자금, 외부로부터 빌려오는 타인 자금으로 구분하여 구성한다.

표 10-3_ 자금 조달 계획표

구 분	비용 항목	금 액
자기 자금	자본금, 동업자 출자금, 기타 투자 자금	
타인 자금	금융 기관 차입금, 개인 사채 등	
계		

여행 및 항공 용어 정리

A **Airtel** 에어텔, 에어(air)와 호텔(hotel)의 만남. 말 그대로 비행기와 호텔이 합쳐진 것으로, 항공과 숙박을 엮어 함께 판매하는 상품을 뜻한다.

Ata/Atd 실제 도착 시각/실제 출발 시각. 비행기가 실제로 도착하고 출발하는 시각

All-inclusive 호텔과 여행 상품에서 일체의 추가 경비가 발생하지 않는 여행. 다시 말해 모든 것이 포함된 여행 상품

Accommodation 넓은 의미로 숙박 시설을 말하며 호텔, 모텔, 팬션 등을 Traditional Accommodation이라고 말하며, 유스호스텔, Recreation Home, 텐트장, 오두막집, 방갈로, 캠핑장의 Cabin 등은 Supplementary Accommodation이라 한다.

Air crew 항공기 승무원

ACM / ADM(Agent credit memo / Agent debit memo) ACM은 여행사에서 발권 시 실수로 해당 운임보다 비싸게 발권을 함으로써 해당 금액보다 많은 금액이 항공사에 입금된 것을 발견했을 때의 차액 반환 청구 신청을 말한다. ADM은 항공사에서 지정한 운임보다 여행사에서 싸게 발권함으로서 BSP에 항공 요금보다 적게 입금되었을 때 그 차액을 여행사 측에 입금시킬 것을 청구하는 신청을 말한다.

AD(Agent Discount)   여행 대리점 할인. 여행 대리점 직원의 연수를 목적으로 하여 각 항공 회사로부터 IATA 인가 대리점의 1점포에 대해 연간 2회 통상 운임의 75% 할인 항공권을 발권하는 것이 인정되고 있다. 유효 기간은 3개월.

ADD-ON   관문 도시(gateway city)와 해당 도시 사이에 설정된 부가 운임이다. Add-on은 해당 국가의 통화로 지불된다. 예를 들어 KE로 유럽이나 미주로 여행을 간다면 부산에 사는 여행자는 부산-서울 간 국내선 구간을 또 구입해야 하는 불편함이 있다. 이 여행자의 여정은 부산-서울-유럽-서울-부산이 된다. 이때 각각의 부산 구간은 따로 국내선을 살 필요 없이 Add-on을 적용하면 국내선 부산 구간 왕복 요금이 10만 원이라면 5만 원 정도에 Add-on을 적용할 수 있다.

Admission fee   여행객이 지급하는 여행지의 입장료

Air cargo   항공사에서 항공 화물을 말한다.

Air carrier   항공 회사

Air Tariff   항공 일정표

American Breakfast   계란 요리가 곁들어진 아침 식사로 과일, 주스, 시리얼, 음료, 계란, 빵 종류 등을 제공한다.

American Plan   호텔에서 객실 요금에 3식의 식사 요금이 포함되어 있는 숙박 요금 제도

Approach   고객을 상대로 한 영업 면에서는 교섭을 시작한다는 의미이며, 항공사에서는 항공기가 공항에 착륙할 때의 진입을 의미한다.

Arrival Time   항공사에서는 비행기의 공항 도착 시간을 말하며, 호텔에서는 고객이 호텔에 도착한 시간을 말한다.

ATR(Air Ticket Request)   여행사 중 담보 능력의 부족으로 항공권을 자체적으로 보유하지 못하고 승객으로부터 요청 받은 항공권을 해당 항공사 발권 카운터에서 구입하는 여행사 대리점

APIS(Air Passenger Information System)   미국 사전 입국 심사 제도. 출발지 공항 항공사에서 예약, 발권 또는 탑승 수속 시 탑승객에 대한 필요 정보를 수집, 미국 법무부 세관에 통보하

여 미국 도착 탑승객에 대한 사전 검사를 가능케 함으로써 미국 도착 시 입국 심사 소요 시간을 단축할 수 있는 제도

B Baby Bassinet   항공기 객실 앞의 벽면에 설치하여 사용되는 기내용의 유아 요람(바구니)

Back To Back Charter   항공기의 왕복을 연속하여 전세를 내는 것

Baggage   여행자가 여행할 때 소지한 짐으로서 Checked Baggage와 Unchecked Baggage가 있다.

Baggage claim tag   위탁 수화물 인환증. 항공 회사가 위탁 수화물의 식별을 위하여 발행하는 수하물 꼬리표 중의 인환권

Baggage Through Check in   당일 항공편으로 여행 일정이 끝나지 않고 접속 항공편을 가지고 있는 여행자의 경우 수화물을 최종 목적지까지 부치는 것

Ballroom   호텔에서 대연회장을 말한다.

Banquet Room   호텔이나 식당의 연회장

BGM(Back Ground Music)   업무 생산 능률의 향과 권태 방지 차원에서 영업장에 틀어놓은 배경 음악

BLOCK   많은 인원을 송출하는 대형 여행사의 경우 항공사와 호텔에서는 연 또는 분기별로 일정한 좌석을 제공하여 판매를 안정적으로 하도록 지원해준다. 성수기의 경우 이러한 Block을 얼마나 확보하고 있는가의 여부는 영업과 가장 밀접한 관련을 가지고 있다.

Booking(=Reservation)   항공사나 여행사에서 항공 좌석의 예약 등을 말한다.

Boarding Pass   탑승권이라고 말하며, 공항에서 탑승 수속 시 항공권과 교환하여 여행자에게 주는 탑승표로서 비행기의 편명, 여행자 성명, 좌석 번호, 목적지, 탑승 시간, 탑승 게이트 등이 적혀 있다.

Brochure   여행사나 호텔에서 일반적으로 광고나 선전 목적으로 만들어 고객에게 주는 소책자

BSP(Bank Settlement Plan) 다수의 항공사와 다수의 여행사 간에 발행되는 항공권 판매에 대한 제반 업무를 간소화하기 위하여 항공사와 여행사 사이에 은행을 개입시켜 해당 은행이 관련 업무를 대행하는 은행 집중 결재 방식의 제도

C

Cabin Crew 기내에서 여객의 서비스를 담당하는 직원

Cafeteria 셀프 서비스 식당의 대표적인 것으로 손님 스스로 진열되어 있는 음식을 선택하여 그 음식 값만 지급하고 가져다 먹는 형식으로 인구가 많은 도시나 산업 기관에 있다.

Cancellation Charge 예약 취소에 따라 손님이 지급하는 비용

Captain 식당에서 손님의 주문을 받는 일을 수행하면서 웨이터와 함께 정해진 구역의 서비스를 책임지는 호텔 종사원. 웨이터보다 지위가 높고 매니저보다 낮다. 기장, 선장, 항공기 또는 선박을 조종하는 기내 또는 선내의 최고 책임자

Cargo Agent 항공사를 대리하여 송화인으로부터 화물을 접수하고 화물 운송량을 발급하여 운송료를 받도록 허가된 대리점으로 항공사로부터 일정한 수수료를 지급 받는다.

Charter Flight 항공사에서 고객의 요청에 의해서 deposit을 하여 항공사로부터 비행기를 대절하는 전세 항공기

CIQ(Custom Immigration Quarantine) 해외 출입국 시 승객 및 수화물에 대한 정부 기관의 확인 및 관리 절차로 세관, 법무부 검역의 첫 글자이며 세관, 출입국 관리, 검역

Class 좌석 등급

Connection Time 연결 항공편으로 갈아타는 데 필요한 시간

Connecting Room 호텔의 객실과 객실 사이에 연결된 문이 있으며, 서로 열쇠가 없이 객실 내에서 드나들 수가 있어 가족 여행이나 단체 여행에 편리한 여행

CODE SHARE(공동 운항) 비행기 한 대를 가지고 두 개의 항공사가 좌석을 공유 판매하는

것을 말한다. 이것은 항공사 측면에서는 여러 가지의 전략적인 이유가 있는데 안정적인 좌석 판매 외에도 두 개의 항공사가 결합함으로써 노선 사용 등의 시너지 효과를 유발할 수 있다. 가장 대표적인 것으로는 미 취항 구간에 대한 특별 요금이나 좌석을 안정적으로 확보할 수 있다는 것인데, 예를 들어 서울에서 시드니까지 노선의 경우 OZ의 비행기를 부분적으로 QF와 code share를 함으로써 OZ 입장에서는 안정적인 고객 확보를, QF 입장에서는 미 취항구간에 대한 시장 확보를 장점으로 가지고 있다. 호주 국내 구간의 경우 QF에서 code share의 조건으로 OZ에 특별한 요금과 좌석을 지원해줌으로써 OZ은 별도로 이익을 취할 수 있다.

Complimentary 호텔에서 손님에게 객실 및 식음료를 접대 및 판매 촉진하기 위해서 무료로 제공하는 것

Crew bunk 야간 비행이나 비행 시간이 6~7시간 이상인 장거리 노선에서는 근무 중에 몇 시간의 휴식 시간이 주어진다. 이때 승무원 휴게실인 크루벙커로 들어가 휴식을 취하는 장소이며 모든 여객기에 있는 것은 아니다. 주로 B777, B747-400, A330, 340, A380 등 장거리 수송용 대형 기종에만 있으며, 중거리나 단거리용에는 굳이 필요하지 않다. 승무원이 아니면 절대 들어갈 수 없다.

Configuration 항공 객실 내 좌석 배치

CRS(Computer Reservation System) 항공사가 사용하는 예약 전산 시스템으로 단순 예약 기록의 수록/관리뿐만 아니라 각종 여행 정보의 자료를 수록하여 정확하고 광범위한 대고객 서비스를 가능케 해주며 항공사 수입을 극대화시킬 수 있는 컴퓨터 예약 시스템

CT(Circle Trip) 전 여정을 항공편으로 이용하여 최초 출발지로 다시 돌아오는 여정 중 왕복 여정의 개념으로 간주되지 않는 여정을 말하며 일주 여정이라고 한다.

Customs Declaration 세관 신고

CXL(Cancellation) 항공 좌석이나 여행 상품의 예약 취소

D **Daily Menu** 식당의 전략 메뉴라 할 수 있는 식단으로 매일 시장에서 나오는 특별 재료를 구입하여 조리의 기술을 최대로 발휘하여 고객의 식욕을 자극할 수 있는 메뉴

Damages 손해 배상금을 말하며, 여행 중에 여행자에게 또는 여행자로부터 당하는 손해

Date of Issue 발권일. 발행일. 운송 서류(항공권, MCO 등)의 발행일. 컴퓨터나 프린터로 발권할 때에는 자동적으로 항공권, MCO에 발권일이 인자된다. 미사용의 항공권, MCO는 발권일의 다음날부터 계산하여 1년간 유효하다.

DBC(Denied Boarding Compensation) 해당 항공편 초과 예약이나 항공사 귀책 사유로 탑승이 거절된 승객에 대한 보상 제도

DCS(Departure Control System) 공항에서 실시하는 여행자의 탑승 수속 및 탑승 관리 업무의 전산화 시스템을 말한다.

Deluxe 호화롭거나 최고 수준

DEPO(Deportee) 합법 또는 불법을 막론하고 일단 입국한 후 관계 당국에 의해서 강제로 추방되는 승객

DEST(Destination) 항공권상에 표시된 여정의 최종 도착지

DFS(Duty Free Shop) 세금이 포함되지 않은 물건을 파는 면세점

Direct Flight 비행기의 직행 또는 목적지까지 중간에 경유해서 비행하는 것

DM(Direct Mail) 공급업자 측에서 보다 많은 고객 유치 및 고객 관리를 위해서 가정, 회사, 각종 사회 단체 등에 내용물을 첨부하여 우편물로 발송하는 것

Double Booking 여행자들의 항공 좌석이나 여행 상품의 중복 예약

Dry Charter Flight 승무원을 포함하지 않고 항공기만 전세 내는 것

E E/D(Embarkation/Disembarkation) Card 여행자가 출입국 시 기록하는 출입국 기록 카드

Embargo 항공사가 특정 구간에 있어 특정 여객 및 화물에 대해 일정기간 동안 운송을 제한 또는 거절하는 경우

Emergency Exit 호텔에서 화재나 긴급한 상황이 발생했을 때에 피해 나갈 수 있도록 만들어 놓은 비상구

ENDS(Endorsement) 항공 회사 간의 항공권의 권리를 양도하기 위한 이서

Entry Visa 여행자가 외국에 들어갈 때 제시하는 입국 비자

Escorted Tour 단체 여행 시 인솔자가 있는 여행

ETA(Estimated Time of Arrival) 항공기의 예정 도착 시간

ETD(Estimated Time of Departure) 항공기의 예정 출발 시간

Excess Baggage Charge 항공사에서 무료 수화물 허용량을 넘은 초과수화물에 대한 요금

Executive Floor 세계적 수준의 최고급 서비스를 제공하는 호텔의 객실층

Expired Ticket 국제 항공권의 유효 기간은 발행일로부터 1년 또는 여행을 개시한 후 1년으로서 이 유효 기간을 넘은 항공권

Extra Flight 비행기의 임시 항공편

F Family Care Service 해외여행 시 도움을 필요로 하는 고객을 위해 공항 출발 시점부터 목적지 공항 도착, 타항공사 연결까지 완벽한 Escort Service가 이루어질 수 있도록 예약, 발권, 운송 및 객실 등 전 분야에 걸쳐 제공되는 Total Service

Fare basis 적용 운임종별. 항공권상의 "fare basis"란에는 해당 구간에서 이용하는 class(등급)의 종류가 약호로 표기된다. 예 F, Y, K 등 기타 특별 운임, 할인 운임을 적용할 때는 특별 및 할인 운임의 약호가 표기된다.

First Name   여행자의 이름

FIT(Foreign Independent Tour)   개인으로 움직이는 여행 및 여행자로서 원래는 개인 또는 소수
인으로 탑승원이 함께 앉는 여행에 대한 호칭이었지만, 현재는 외국인 개인 여행자를 말
한다.

Flight Attendant   항공사에서의 객실 승무원

Flight Coupon   항공권의 일부로서 여행자가 탑승하는 구간을 표시하는 것이며 탑승 수
속 시 공항에서 탑승권과 교환되는 것

FOC(Free of Charge)   일반적으로 15인이 되면 Free 티켓을 신청할 수 있다. 경우에 따라서
10명이 되어도 신청할 수 있다. 보통 국외 여행 인솔자(TC)는 FOC 티켓으로 사용

Free baggage allowance   무료 수화물 허용량

Forum   토론 내용이 자유롭고 문제에 관하여 진지한 평가나 의견 교환을 하는 공개 토
론 형식

Frequent Flyer Program   항공 여행의 증가로 많은 승객들이 각 항공사에서 제공하는 마
일리지 적립 카드를 소지하고 있으며 승객은 탑승하는 구간의 거리를 적립하여 적립된 마
일리지에 따라서 무료 항공권을 제공받거나 차상위 class로 탑승할 수 있도록 서비스를
제공받을 수 있는 상용 고객 우대 제도

Fragile   공항에서 수화물 탁송 시 깨지기 쉬운 수화물에 붙이는 꼬리표

Galley   항공 기내의 주방

Gamble   내기, 도박

Gate   승객이 비행기를 타기 위한 탑승구

Gateway   한 국가 또는 지역의 첫 도착지 또는 마지막 출발지의 관문

GIT(Group Inclusive Tour)   단체 여행

Give Away　항공사에서 판매 촉진을 위한 경품 등의 무료 판촉물

Go Show Passenger　만석 또는 요금상의 제한 등에 의하여 예약할 수 없는 여행자가 만약 좌석이 생기면 탑승하려고 공항 탑승 수속 카운터에 대기하여 좌석 상황에 따라 좌석을 배정 받게 되는 잠재적인 유상 승객

GSA(General Sales Agent)　총판매 대리점. 지사를 설립하기 어렵거나 자사의 판매 활동이 충분하지 않을 경우 다른 항공사 혹은 대리점을 지정하여 대리점에 대한 지도 및 홍보 마케팅 활동, 정부와의 교섭 창구를 위임한 총판매 대리점

GTR(Government Transportation Request)　공무로 해외여행을 하는 공무원 및 이에 준하는 사람들에 대한 운임 할인 빛 우대 서비스로 공무 항공 여행 의뢰라고 한다.

Guest House　여행자용 숙소로 저렴한 요금과 간단한 시설이 갖추어져 있는 숙박 시설

Hand Carrier　항공기 기내 반입

High Season　여행사나 항공사, 호텔에서 말하는 성수기

Honeymoon Package　패키지 신혼여행

Hospitality Industry　환대 산업

Hostel　도보나 자동차 여행자를 위한 값이 저렴한 숙박 시설

IATA(International Air Transport Association)　국제항공운송협회

ICAO(International Civil Aviation Organization)　국제민간항공기구

Immigration　공항에서 실시하는 출입국 심사를 말하는데, 법무부 출국 시 탑승권, 여권, 출입국 신고서를 제출하면 여권 및 유효 심사, 체류 기간/출국 금지, 정지 여부 확인 심사, 출국 신고서 기재 사항 확인과 같은 내용의 심사를 거쳐 여권 및 출입국 신고서에 심사인을 날인하여 준다.

Inbound   여행사에서 외국인의 국내 여행

Individual Tour   여행사에서 말하는 개인 여행자

Infant Fare   항공사에서 유아 운임으로 만 2세 미만의 국내선 또는 국제선 항공 운임

Insurance Charge   승객이 항공권 구입 시 항공 요금에 포함되는 전쟁 보험료

J Joint Operation   항공사 간에 영업 효율을 높이고 모든 경비의 합리화를 도모하기 위해 항공사 간에 공동 운항을 행하는 것

Junior Suite   호텔 내에 응접실과 침실을 구분하는 칸막이가 있는 큰 객실

K KNTO(Korea National Tourism Organization)   한국관광공사

Kiosk   키오스크

L Land Operator   여행의 현지 지상 수배를 전문으로 하는 자

Land Join   패키지 상품 중 항공을 제외하고 현지에서 패키지 일행과 합류

Layover   일시적인 체류

Local Agent   여행을 가고자 하는 행선지의 여행업자

Lost and Found   공항이나 호텔에서 발생하는 고객의 분실물 습득 및 신고 센터

Lounge   국내도 외국도 아닌 비행기를 타기 직전에 대기하는 장소

M Make Up Room   호텔에서 청소가 완료된 객실

MCT(Minimum Connecting Time)   어떤 공항에서 연결 항공편에 탑승하기 위해 소요되는 최소한의 기간으로 최소 연결 소요 시간이다.

MCO(Miscellaneous Charge Order)   일종의 어음과 같은 성격을 띠는 유가 증권으로서 항공권 결제, 수화물 초과 금액 등과 같은 용도로 쓰인다.

Net Fare   항공료나 여행 상품의 가격에서 수수료를 뺀 원가

No Show   예약된 승객이 공항에 나타나지 않는 경우. 즉, 정해진 비행기를 타지 않은 것

Non Revenue Passenger   무임 탑승 여행자. 특별히 무료로 여행할 수 있도록 예약된 사람들로서 대부분 항공사 직원들이 많다.

OAG(Official Airline Guide)   전 세계의 국내, 국제선 시간표를 중심으로 운임, 통화, 환산표 등 여행에 필요한 자료가 수록된 간행물로 항공 안내서를 말한다.

OAL(Other Air Line)   국적기가 아닌 외국 항공사

Occupied   호텔에서 손님이 현재 객실을 사용 중임을 뜻함

Off Season   관광 사업체에서 말하는 비수기

Open Ticket   출발일만 지정하고 리턴을 지정하지 않는 것. 보통 유학생들의 경우 돌아올 정확한 날짜를 정하기 어려우므로 1년짜리 티켓을 open으로 발권해 간다.

Orientation   여행 출발 전 또는 최초의 목적지에 있어서 여행업자가 여행자를 위해 여행에 관해 설명하는 것

Occupancy   숙박 시설의 경영에 있어서 시설의 가동 상태를 가리키는 객실 이용률의 지표. 산출 방법은 실제로 사용된 객실 수를 그 호텔의 총 객실 수로 나눈 값을 퍼센트로 나타냄

P

Package Tour   여행사가 주최가 되어 여행 출발일, 기간, 요금, 교통, 숙박, 관광, 식사 등의 일체의 경비를 포함한 여행

Passenger Load Factor   항공사에서 승객의 좌석 이용률

Passenger Ticket & Baggage Check   운송증표류란 여행자 및 항공사 간에 성립된 계약 내용을 표시하고, 항공사의 운송 약관 기타 약정에 의하여 여객 운송이 이루어짐을 표시하는 증서. 각각의 구간에 승객의 운송 및 해당 승객의 위탁 수화물의 수송에 대한 증표

PATA(Pacific Area Travel Association)   태평양 지역의 여행 촉진을 위하여 항공사, 교통 기관, 호텔, 관광업자, 대리점 등에 의하여 설립된 협회

PAX(Passenger)   여행객의 인원수를 표시할 때 사용

Permanent Guest   호텔의 장기 체류객

Pick Up Service   여행업자가 공항으로 여행자를 마중 나가는 것

PIR(Property Irregularity Report)   승객이 자신의 수화물에 지연, 분실, 파손, 부분 분실 사고 발생 시 항공사에 사실을 알리기 위해 작성하는 수화물 사고 보고서

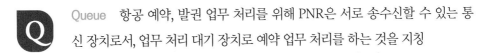

Q Queue   항공 예약, 발권 업무 처리를 위해 PNR은 서로 송수신할 수 있는 통신 장치로서, 업무 처리 대기 장치로 예약 업무 처리를 하는 것을 지칭

Queen Bed   킹 사이즈 침대보다 작은 침대

R RCFM(Reconfirmation)   여행 도중 어느 지점에서 72시간 이상 체류할 경우 항공편 출발 72시간 전까지 계속편 및 복편 예약을 탑승 예정 항공사에 재확인하는 것

Re-Entry Permit   재입국 허가로 우리나라에 체제하고 있는 외국인이 한번 출국하였다가 다시 우리나라에 들어오는 경우에는 입국 관리 사무소에서 이 수속을 하여야 한다. 통상 출국에 앞서서 미리 받고서 나갔다가 돌아오는 것

Rebate   공급업자가 판매 대리점에게 수수료에 대해서 판매 장려금으로 할인해 주는 제도

Replacement　승객이 항공권을 분실하였을 경우 항공권 관련 사항을 접수한 후 항공사에 해당 점소에서 신고 사항을 근거로 발행 점소에 확인하여 항공권을 재발행해 주는 것

S

Safari Tour　야생 동물의 여행

Seaport Hotel　항구 호텔은 선박이 출발하고 도착하며 정박하는 항구 부근에 위치하고 있으며, 여객선이나 크루즈를 이용하는 선객과 선박에서 근무하는 승무원 및 선원들이 주로 이용하는 호텔

Seasonal Rate　동일한 제품과 서비스에 대해 계절에 따라 가격의 변동을 허락하는 차별요금 제도

Sending　여행업자가 여행자의 출발을 위해서 공항 등으로 전송 가는 것

T

Take Off　비행장에서 출발하여 비행을 개시하는 일의 동작

Tariff　항공사에서 지불하는 각종의 운임, 요금, 관세 등을 말한다.

Taxi Way　항공기가 활주로에서 정비 격납고, 주기장까지 원활하게 이동할 수 있도록 마련된 통로

Time Difference　국가와 국가 사이, 지역과 지역 간의 시차

Tour Conductor　여행자의 여행에 동행해서 현지의 여행에서 운영에 필요한 일체의 업무를 수행하는 자

Tour Guide　여행자가 현지에 도착하면 그 지역의 일정에 대해서 안내하는 자

Tour Operator　여행사에서 수배를 전문적으로 담당하는 자

Transfer　승객이 최종 목적지까지 가기 위해서 중간 기착지에서 비행기를 갈아타는 것

Transit Visa　여행객의 통과 사증

TWOV(Transit Without Visa)　무사증 통과로 항공기를 갈아타거나 여행자가 규정된 조건하

에서 입증 사증 없이 어느 나라에 입국하여 짧은 기간 동안 체류할 수 있는 것

UM(Unaccompanied Minor)　만 12세 미만의 소아가 보호자(성인) 없이 혼자 여행하는 승객

Vacancy　호텔의 객실이나 비행기 내의 화장실 등이 비어 있는 것

Vaccination Certificate　해외 여행자를 위해서 전염병을 방지하기 위한 예방 접종 증명서

W/B(Weight & Balance)　항공기의 중량 및 중심 위치를 실측 또는 계산에 의한 산출

Wagon Restaurant　기차 내에 있는 식당

Waiting List　항공사에서 판매 가능한 좌석이 모두 예약 완료되었거나 공항에서 승객의 요청에 의해 다른 손님의 예약 취소나 나타나지 않는 승객이 있을 경우를 대비해서 순번으로 좌석을 기다리는 것

Wake-up Call　호텔에서 손님의 요청에 따라 아침에 깨워주는 서비스

Wet Charter Flight　고객의 요청에 의해 승무원을 포함한 항공기 전체를 전세내는 경우

Wholesaler　여행사에서 여행 상품의 여행 도매업자

Working Holiday　관광 취업 비자를 말하며 그 나라의 문화를 직접 체험할 수 있는 입국 사증 제도

XO　Exchange Order의 약자

Yellow Card   외국 여행 시 전염병을 방지하기 위한 예방 접종 증명서

Youth Fare   항공사에서 청소년에게 적용되는 항공 운임

ZC(Zero Complain   고객에게 불만이 없도록 관광 사업체에서 전개하는 고객 불만 제로 운동

Zip Code   우편 번호

강 희 준

한국항공대학교 대학원 경영학 박사(항공경영 전공)

(現) 인하공업전문대학 관광경영학과 교수

(前) 오산대학교 항공서비스과 교수

    China Airlines(중화항공) 서울여객지점 여객영업마케팅부 근무

· 2022년 싱가폴 스쿳(Scoot) 항공 한국인 객실 승무원 채용 면접관

· 2023년 마카오 항공 한국인 객실 승무원 채용 면접관

· 2024 인천관광공사 소셜미디어 운영 평가 위원

· 2025 APEC 정상회의 인천 유치 공모 추진 평가 위원

· 항공경영학회, 한국관광진흥학회, 관광경영학회, 관광 산업학회 회원

오 수 경

경기대학교 대학원 관광학 박사

(現) 인하공업전문대학 관광경영학과 학과장

(前) 롯데관광 인바운드 근무

    경기대 외래 교수

    우송대 외래 교수

· 주요 논문 "관광시장 세분화 변수들의 효용성 연구" 등 다수

김 규 미

한양대학교 일반대학원 관광학 박사

(現) 강원도립대학교 연구 교수

(前) 대한항공 객실 승무원

    하이에어 객실 승무원

    수원대학교 객원 교수

    부산외국어대학교 초빙 교수

여행사경영론

초판 1쇄 인쇄   2025년 2월 10일
초판 1쇄 발행   2025년 2월 15일

저   자   강희준·오수경·김규미
펴 낸 이   임순재
펴 낸 곳   **한올출판사**
등   록   제11-403호
주   소   서울시 마포구 모래내로 83(성산동, 한올빌딩 3층)
전   화   (02)376-4298(대표)
팩   스   (02)302-8073
홈 페 이 지   www.hanol.co.kr
e - 메 일   hanol@hanol.co.kr

ISBN 979-11-6647-440-8

여행사경영론